El Imperio bizantino Una guía fascinante de Bizancio y cómo

Una guía fascinante de Bizancio y cómo el Imperio romano del este fue gobernado por emperadores como Constantino el Grande y Justiniano

© **Derechos de autor 2019**

Todos los derechos reservados. Este libro no puede ser reproducido de ninguna forma sin el permiso escrito del autor. Críticos pueden mencionar pasajes breves durante las revisiones.

Descargo: Esta publicación no puede ser reproducida ni transmitida de ninguna manera por ningún medio, mecánico o electrónico, incluyendo fotocopiado o grabación, o por cualquier sistema de almacenamiento o recuperación, o compartido por correo electrónico sin el permiso escrito del editor.

Aunque se han realizado todos los intentos por verificar la información proporcionada en esta publicación, ni el autor ni el editor asumen responsabilidades por errores, omisiones o interpretaciones contrarias con respecto al tema tratado aquí.

Este libro es solo para fines de entretenimiento. Las opiniones expresadas son solo del autor y no deben tomarse como instrucciones de expertos. El lector es responsable de sus propias acciones.

La adherencia a todas las leyes y normativas aplicables, incluidas las leyes internacionales, federales, estatales y locales que rigen las licencias profesionales, las prácticas comerciales, la publicidad y todos los demás aspectos de la actividad comercial en EE. UU., Canadá, Reino Unido o cualquier otra jurisdicción es responsabilidad exclusiva del comprador o lector.

Ni el autor ni el editor asumen responsabilidad alguna en nombre del comprador o lector de estos materiales. Cualquier parecido con cualquier individuo u organización es pura coincidencia.

Tabla de contenido

INTRODUCCIÓN 1

CAPÍTULO 1 - SENTANDO LAS BASES DEL IMPERIO BIZANTINO 4

    CÓMO DIOCLECIANO CAMBIÓ ROMA PARA SIEMPRE 4

    EL ASCENSO DE CONSTANTINO 6

CAPÍTULO 2 - LA ERA DE CONSTANTINO 9

    CONQUISTANDO EL ESTE 10

    UN NUEVO COMIENZO: LA NUEVA CAPITAL DEL IMPERIO ROMANO 12

    LOS ÚLTIMOS AÑOS DE CONSTANTINO EL GRANDE: UN OSCURO SECRETO, BAUTISMO Y MUERTE 13

CAPÍTULO 3 - DE LA MUERTE DE CONSTANTINO A LA CAÍDA DEL IMPERIO OCCIDENTAL 15

    EL APÓSTATA JULIANO: ZEUS CONTRAATACA 16

    MAYOR DECADENCIA: VALENTINIANO, VALENTE Y GRACIANO 19

    TEODOSIO AL RESCATE 20

    EL SAQUEO DE ROMA 21

    LOS HUNOS 21

    LA CAÍDA FINAL DEL IMPERIO OCCIDENTAL Y LA RESISTENCIA DEL ESTE 22

CAPÍTULO 4 - LA ERA DE JUSTINIANO, EL GOBERNANTE MÁS GRANDE DEL IMPERIO BIZANTINO 24

La Coronación de Justiniano y Teodora 25

La ley romana 26

Belisario, el General Superior 27

La rebelión de Nika 27

La era dorada bizantina 28

Belisario retoma las provincias 29

Los tiempos difíciles: la plaga 30

CAPÍTULO 5 - HERACLIO 32

La guerra contra los persas 33

Cambios culturales 34

El ataque musulmán 34

CAPÍTULO 6 - LOS ICONOCLASTAS: LEÓN III EL ISAURIANO Y CONSTANTINO V 36

La iconoclasia bizantina 37

Constantino V 39

CAPÍTULO 7 - LA DESPIADADA EMPERATRIZ IRENE DE ATENAS .. 40

El fin de la iconoclasia 41

Madre e hijo 41

Mientras tanto en Roma 42

CAPÍTULO 8 - PEQUEÑOS PASOS HACIA ADELANTE: TEÓFILO Y MIGUEL EL BEODO 44

El Renacimiento cultural bajo Teófilo 44

Los nuevos cristianos 45

Recuperación militar bajo Miguel el Beodo (y su tío) 46

CAPÍTULO 9 - UNA NUEVA ERA DORADA: BASILIO EL MACEDONIO Y SU DINASTÍA 47

El hijo del Beodo, León VI el sabio 48

La vida amorosa de un emperador: León y las dos Zoes 49

TODOS LOS GOBERNANTES REGENTES DEL JOVEN EMPERADOR CONSTANTINO VII 50

CONSTANTINO VII "EL NACIDO EN LA PÚRPURA" 52

ROMANO II Y TEÓFANO 53

CAPÍTULO 10 - EL CAMBIO EN LA CASA DE MACEDONIA: NICÉFORO FOCAS Y SU SOBRINO 55

EL EMPERADOR NICÉFORO Y TEÓFANO 56

EXPANSIÓN IMPERIAL BAJO NICÉFORO 56

LA MONTAÑA SAGRADA 57

DECADENCIA Y MUERTE 58

EL EMPERADOR JUAN I TZIMISCES 58

CAPÍTULO 11 - BASILIO II, EL ASESINO DE BÚLGAROS 60

EL ASCENSO DEL EMPERADOR LEGÍTIMO 61

LA ALIANZA CON LOS RUSOS 61

EL ASESINO DE BÚLGAROS 62

CAPÍTULO 12 - ALEJO COMNENO 63

UN INICIO FALLIDO 64

FORMAS ALTERNATIVAS 64

LA PRIMERA CRUZADA 65

MANUEL I COMNENOS 66

CAPÍTULO 13 - EL COLAPSO Y LA CAÍDA DEL IMPERIO ROMANO DEL ESTE 67

LA CRUZADA FATAL 68

LAS CONSECUENCIAS DE LA DESTRUCCIÓN Y UNA RECUPERACIÓN DE CORTA DURACIÓN 68

MIGUEL PALEÓLOGO 69

LOS OTOMANOS 70

EL ÚLTIMO EMPERADOR DE CONSTANTINOPLA 73

CONCLUSIÓN 75

LA LÍNEA DE TIEMPO DE LOS EMPERADORES BIZANTINOS 76

REFERENCIAS 82

Introducción

Mucho después de que el Imperio romano occidental dejara de existir, otro Imperio romano estaba vivo y sano. Este imperio fue el único estado organizado en el mundo occidental que persistió en la misma forma desde la antigüedad hasta los albores de la era moderna. No afectada por la Edad Oscura, esta sociedad fue una fusión de la antigua Grecia, Roma y el cristianismo, una fusión que creció y maduró siglos antes del Renacimiento.

El Imperio bizantino fue fundado durante el caótico siglo III. Era el momento en que las revueltas y las guerras civiles eran comunes, y los emperadores romanos tan solo duraban un año. En medio de estos disturbios, el nuevo mundo jerárquico y ordenado surgió en el río Bósforo. Pero el Imperio romano del este no era una sociedad autocrática típica. Cualquiera, incluidos los humildes agricultores y las mujeres huérfanas, tuvieron la oportunidad de encontrar su camino hacia el trono. El gobernante más grande de Bizancio era antes un campesino humilde de la actual Macedonia, mientras que una emperatriz era una ex cortesana.

A pesar de ser una sociedad profundamente religiosa, su sistema educativo era minucioso y sorprendentemente secular. No hubo Edad Oscura en Bizancio. Esta parte del mundo era el guardián de la luz y la civilización en la Europa medieval y más allá[i]. Presentaba un escudo que protegía al resto de Europa de la rápida expansión de las fuerzas islámicas[ii]. Al mismo tiempo, conservó textos y artefactos invaluables de la cultura griega y latina, y creó más aún. Los mosaicos de Rávena fueron obra de artesanos bizantinos, al igual que la Santa Sofía. La eterna ley romana, que sirvió de base e inspiración para la gran mayoría de los sistemas legales europeos, se creó en Constantinopla, no en Roma. No fue introducida por Octavio, Claudio o Trajano. El nombre del poderoso emperador que nos dio tal logro fue Justiniano.

El Imperio bizantino no era el verdadero nombre de este estado. Fue conocido formalmente como el Imperio romano de Oriente. Los ciudadanos de Constantinopla y sus gobernantes se consideraban romanos, no bizantinos. No solo ellos, sus países vecinos, incluidos sus enemigos, vieron a este imperio como romano. Cuando Constantinopla cayó después de once siglos, el sultán otomano Mehmed II tomó el título de César de Roma. No fue hasta el siglo XVIII que los eruditos del oeste negaron al Imperio oriental la etiqueta de "romano". Bizancio, el nombre de una pequeña ciudad que sirvió de base para Constantinopla, se había convertido en el nombre oficial de este estado siglos después de su colapso.

El mundo oriental y occidental estaban poco vinculados por el cristianismo hasta 1054, cuando la iglesia se dividió en mitades católicas y ortodoxas. La hostilidad culminó durante las Cruzadas. El Imperio del Este nunca se recuperó completamente de los violentos ataques del Occidente católico. Perdió la capacidad de resistir la invasión de los otomanos. Cuando cayó, fue rápidamente olvidado. Por pura ignorancia, su nuevo nombre, bizantino, se convirtió en sinónimo de oscuridad e incluso de astucia.

La historia del Imperio bizantino es menos conocida, pero está entre las más fascinantes. Este libro es una historia de poder y gloria, anarquía y orden, paganismo y cristianismo, guerra y paz, Occidente y Oriente. Se familiarizará con las raíces de las grandes controversias que definieron la historia de Europa y la totalidad de la civilización occidental: el conflicto entre las iglesias católica y ortodoxa, y el que existe entre el cristianismo y el islam. Usted leerá las historias de notables emperadores de los que nunca había oído hablar y sobre la asombrosa valentía de héroes grecorromanos como Constantino Dragases, que resistió a los otomanos hasta el final, y Belisario, que luchó contra los persas para reconquistar lo que solía ser el Imperio occidental.

La historia de Constantinopla comenzó en el año 324 d.C., cuando Constantino decidió, o fue contada por una voz divina, como dice la antigua leyenda, establecer la nueva capital del mundo en una colina sobre el Bósforo. Europa seguía siendo romana, pero la ciudad de Roma no era tan importante. Perteneció al pasado, al igual que la antigua ciudad de Troya. Bizancio era el futuro, muy prometedor y dinámico, como veremos en las páginas siguientes.

De alguna forma el Imperio occidental continuó existiendo durante otro siglo y medio después de la construcción de Constantinopla. Los dos imperios vivían simultáneamente, y unos pocos gobernantes lograban reunirlos ocasionalmente, pero solo por un par de años, hasta que un día, el bárbaro rey Odoacro tomó el de occidente y envió las insignias imperiales occidentales al emperador oriental.

Nuestra historia comienza con el período llamado Imperio romano tardío, que comenzó con Diocleciano y fue profundamente influenciado por Constantino el Grande. Los primeros tres capítulos cubren la lucha de las dos mitades del mundo romano, las formas en que sus emperadores intentaron resistir a los enemigos dentro y fuera de las fronteras hasta la caída final de Roma. El resto del libro aborda el "futuro" romano, el nuevo mundo que era tan poderoso como el de Augusto Roma, y las figuras más gloriosas (e igualmente controvertidas) de la "Nueva Roma": el emperador bizantino Justiniano y la emperatriz Teodora.

Capítulo 1 - Sentando las bases del Imperio bizantino

La visión y la energía de Constantino fueron notables, pero la fundación de la nueva capital romana habría sido imposible si no hubiera sido por Diocleciano y sus profundas reformas. Trajo cambios que afectaron a casi todos los aspectos de la sociedad romana. Algunos de ellos eran populares, otros no, pero él ciertamente sabía lo que estaba haciendo.

El siglo tercero fue una época de tremendo sufrimiento para el pueblo romano. Los días de estabilidad y gloria habían terminado. Los ejércitos lucharon entre sí dentro del Imperio, mientras que hordas bárbaras atacaban las fronteras. La población se estaba ahogando en deudas e impuestos cada vez mayores. Veintinueve emperadores intentaron establecer nuevas dinastías. Todos ellos fueron asesinados, más a menudo por la Guardia Pretoriana que por fuerzas externas, todos menos uno.

Cómo Diocleciano cambió Roma para siempre

Diocleciano fue un soldado de Dalmacia (Croacia en la actualidad). Él ganó el poder de la misma manera que los demás: matando a su predecesor y derrotando a su ejército. Pero hizo todo lo demás de manera diferente. Sabía que el Imperio romano era demasiado vasto y complejo para ser controlado por un solo hombre. No cegado por el poder, decidió compartirlo. Hizo de Maximiano, su viejo compañero de bebida, un co-emperador, y dividió el imperio por la mitad.[iii] Diocleciano tomó el control de la mitad del imperio y le dio a su amigo la parte occidental latina. Todo funcionó tan bien que Diocleciano decidió dividir aún más el imperio, nombrar a dos emperadores menores y establecer la tetrarquía. Oficialmente, todavía había un único Imperio romano. Los cuatro hombres tenían el poder de dirigir ejércitos y emitir leyes. El sistema era eficiente, al menos temporalmente. Las fronteras y las provincias estaban bajo control, y Diocleciano volvió a otros temas. Reformó la administración e hizo más eficiente el sistema tributario. Finalmente, renombró la institución del emperador de Roma. Ya no era apropiado esconderse detrás de los símbolos de la república obsoleta, que funcionó tan bien para Octavio Augusto y sus descendientes. Los días del principado habían terminado.[iv] El emperador ya no era el "primero entre iguales". Diocleciano se elevó de las masas y luego se presentó como la encarnación de Júpiter en la Tierra. A diferencia de los emperadores de las épocas anteriores que solían representarse con togas o uniformes militares, Diocleciano vestía una túnica dorada y llevaba una corona. Fue el comienzo de la dominación, o el imperio romano tardío.[v]

Los romanos habían deificado a sus emperadores fallecidos durante siglos. Como la mayoría de la población era pagana, aceptaron fácilmente la idea de otro gobernante divino. Pero no todos eran paganos. La gente de todo el imperio había abrazado una nueva religión que les daba esperanza contra la injusticia arbitraria. El cristianismo les dio fe en un Dios todopoderoso y amoroso que castigaría a los malvados y recompensaría a los justos con la vida eterna. Y el creciente número de cristianos en el imperio no estaba dispuesto a tragar las afirmaciones de la divinidad de Diocleciano.

Los cristianos eran ciudadanos modelo. Pagaron sus impuestos sin quejarse y estaban dispuestos a servir en el ejército. Pero había algo que Diocleciano no podía tolerar. Los cristianos minaron la esencia de su autoridad imperial al negarse a hacer un sacrificio al emperador. Insistieron en que solo había un Dios y destacaron el hecho de que el emperador, por muy poderoso que fuera, era solo un hombre.

Así que Diocleciano decidió acabar con ellos. Numerosas iglesias fueron destruidas, y las santas escrituras fueron quemadas. Las personas fueron capturadas, algunas de ellas incluso asesinadas, pero el cristianismo persistió. Toda esa represión lo hizo más fuerte. Los paganos simpatizaban con sus vecinos cristianos, rechazando la propaganda de Diocleciano, que los describía como disidentes inmorales, sin Dios, peligrosos, e incluso caníbales. En realidad, los cristianos eran personas comunes que pagaban impuestos, tenían familias estables y eran honestos en el comercio. Todos lo sabían. La batalla de Diocleciano contra el cristianismo se volvió contra él. Finalmente, en el 305 d.C., Diocleciano abdicó. Maximiano, que gobernaba el oeste, también tuvo que abdicar. Sus emperadores menores (Césares), Galerio y Constantino el Pálido, ahora se habían convertido en emperadores y se les pidió que nombraran a sus respectivos Césares. Todo salió bien, excepto por una cosa. Algunos de los tetrarcas (tetrarquía era la regla de cuatro) tenían hijos. Esos hijos no se alegraron lo más mínimo cuando se enteraron de que otros hombres fueron nombrados herederos de sus padres. El orden perfecto que estableció Diocleciano ya había comenzado a fundirse.

Los hijos de Maximiano y Constantino el Pálido, Majencio y Constantino, creían que iban a convertirse en los herederos del trono. Cuando descubrieron que se quedaron sin nada, como los ciudadanos privados comunes, se sintieron traicionados. Y por supuesto, no lo aceptaron.

El ascenso de Constantino

A diferencia de otros tetrarcas, Constantino el Pálido era honesto y realista. Nunca persiguió a los cristianos ni a nadie más. Su ejército, incluso los rangos más altos, incluía personas de todas las religiones. Naturalmente, él era extremadamente popular entre el ejército. Pero desafortunadamente, estaba gravemente enfermo. Él no era "pálido" metafóricamente; Estaba muriendo de leucemia. Esto se hizo evidente durante su campaña en Gran Bretaña a principios de 306. Sucumbió a su enfermedad el 25 de julio de 306. Se informó al ejército que su emperador junior llamado Severus, de quien la mayoría de ellos nunca había oído hablar, tomaría el lugar de Constantino.

Constantino a menudo se unía a su padre en campañas y estaba allí cuando murió. El ejército era leal a él, igual que a Constantino. Entonces, declararon a Constantino su emperador, y otra guerra civil comenzó.

Mientras tanto, animado por la forma en que Constantino reclamó el poder, el hijo de Maximiano, Majencio, se apoderó de Roma. Ahora había seis hombres que decían ser los emperadores de Roma, los cuatro tetrarcas "legales" (siguiendo el sistema de sucesión establecido por Diocleciano), y dos "ilegales" (que tomaron el poder por la fuerza) - Constantino y Majecio. Para 312, solo los dos intrusos quedaron en el oeste. Entonces Constantino, con sus cuarenta mil hombres, invadió la Italia de Majencio.

A diferencia de Constantino, Majencio era un gobernante cruel y en gran medida impopular. No le aseguraron que su ejército lo defendería de Constantino, así que escapó de la ciudad. Los dos ejércitos pronto se encontraron en el puente Milvio. Constantino, quien más tarde afirmó que fue guiado por Cristo, aplastó las fuerzas de Majencio. Al día siguiente, Constantino entró triunfalmente en Roma con la cabeza de Majencio en una lanza. Se había convertido en el único gobernante del Imperio Romano de Occidente. Pero en el siglo IV, el Occidente no era el mejor. Fue solo el comienzo para Constantino.

El busto de Constantino el Grande vi

Capítulo 2 - La era de Constantino

Constantino entró en Roma como un libertador que liberó a su pueblo del despiadado tirano. El Senado lo saludó con entusiasmo cuando ingresó al Foro. Pero luego hizo algo impensable, algo que ningún emperador romano había hecho en la historia: se negó a ofrecer el sacrificio habitual a la antigua deidad de la victoria. Había obtenido la victoria contra Majencio empuñando la cruz y la espada, y con la ayuda del Dios cristiano. Este fue un punto de inflexión en la historia romana y el que unió el Imperio romano y la iglesia cristiana para siempre.

Su impacto en el cristianismo fue enorme, pero Constantino todavía no se había convertido en un verdadero cristiano.[vii] El nunca renunció a su título de Pontífice Máximo, y las representaciones de sus deidades paganas favoritas, Sol Invictus y Mars Conservator, aún aparecían en sus monedas. Es cuestionable si él incluso entendía el significado más profundo del cristianismo y el concepto teológico de la resurrección. Sin embargo, era lo suficientemente sabio como para darse cuenta de que el cristianismo no tenía que ser visto como una amenaza para el establecimiento. Vio a la nueva religión como una oportunidad para probarse a sí mismo como un gobernante justo y para unir a las personas dentro del imperio. Entonces, detuvo todas las persecuciones de los cristianos, y en 313 legalizó la fe al emitir un edicto de tolerancia. A partir de ese momento, el cristianismo tomó otro propósito: apoyar al régimen de Constantino de la misma manera que el paganismo apoyaba al de Diocleciano. Pero se aseguró de no alienar a los paganos, que todavía constituían la mayoría de la población, y todavía no había hecho de la nueva religión la exclusiva del imperio.

Conquistando el este

Mientras Constantino se mostraba a sí mismo como un modelo de tolerancia religiosa en occidente, el este había caído en manos del emperador Licino. Licino se había librado de la competencia en su mitad del imperio, pero le tenía miedo a Constantino. Asegurándose de que los cristianos apoyarían a su rival occidental, comenzó a perseguirlos como lo hizo Diocleciano. Constantino vio su oportunidad y vino con su ejército. Después de un par de semanas, los ejércitos de los dos emperadores romanos se reunieron cerca de la antigua colonia griega de Bizancio, que se convertiría en el centro del universo, donde el 18 de septiembre de 324, las fuerzas de Constantino devastaron por completo a Licino. Constantino el grande, como se llamaba a sí mismo por su triunfo sobre Maximino, se había convertido en Constantino el vencedor, el único emperador del Imperio romano.

Una vez más, Constantino emergió como el protector de la gente. Él llegó y salvó a los cristianos sin perseguir a la población pagana. Mantuvo cuidadosamente el aspecto de tolerancia y neutralidad hasta que logró eliminar al último de sus rivales. Ahora que se había convertido en el único gobernante, podía abrazar el cristianismo más abiertamente. Su madre, Helena, la primera peregrina del mundo, fue a Tierra Santa y fundó numerosos albergues y hospitales en el camino, incluida la Iglesia de la Natividad en Belén y la Iglesia del Santo Sepulcro en el Gólgota de Jerusalén, en el lugar exacto donde Cristo había sido crucificado, y luego Adriano construyó el templo de Venus, que aparentemente tuvo que ser demolido.

La Iglesia del Santo Sepulcro, también llamada la Basílica del Santo Sepulcro, o la Iglesia de la Resurrección. [viii]

Esta fue una época de rápidos cambios dentro del imperio, que dejaron grandes consecuencias. Constantino llevó a cabo una serie de reformas para estabilizar el dañado imperio. Los mercados y el comercio se recuperaron, y las clases trabajadoras comenzaron a trabajar de nuevo (en lugar de luchar en guerras civiles). Los campesinos se vieron obligados a quedarse en sus tierras. Los miembros de los gremios, así como sus hijos, tenían que permanecer en sus ocupaciones. Estos cambios eventualmente dieron como resultado el sistema feudal que era común en todo el oeste. En el este, estable y próspero, sin embargo, estas reformas tuvieron poco efecto.[ix]

A medida que el bienestar material mejoraba en todo el imperio, Constantino iba más lejos en la crianza del cristianismo. Prohibió los sacrificios paganos y las orgías rituales, puso fin a la práctica de la crucifixión y los violentos juegos de gladiadores (las carreras de carros persistieron al ser menos violentas) y confiscó los tesoros del templo para construir iglesias.

Todo el Imperio romano y el cristianismo se unieron para siempre, pero entonces surgió un nuevo desafío. Un joven sacerdote (y brillante orador) de Egipto llamado Ario comenzó a enseñar que Cristo simplemente no era realmente un dios y que era inferior a Dios el Padre. Esta herejía amenazó con destrozar a la iglesia aún descentralizada y desorganizada. Entonces, Constantino decidió poner fin al caos y, cuando su idea de "resolver las diferencias y vivir en armonía" fracasó, anunció un gran consejo. El 20 de mayo de 325, en Nicea, Constantino reunió a todos los obispos del imperio y propuso una solución simple a la compleja cuestión teológica de la naturaleza de Cristo. Los arrianos no se atrevieron a estar en desacuerdo con el emperador, y luego el mismo Arrio fue condenado. Constantino restauró la unidad cristiana tal como lo había hecho con el imperio.

Un nuevo comienzo: la nueva capital del Imperio romano

Ahora que Constantino había instalado todo, hizo una inmensa basílica en Roma, con una enorme estatua de sí mismo adentro, y varias otras iglesias, incluida una para el papa. Pero prefirió vivir en otra ciudad y crear un nuevo comienzo para el imperio profundamente cambiado. Una voz divina, como más tarde afirmó, le mostró el sitio donde debía construir la Nueva Roma (Nova Roma).

La colonia griega de mil años llamada Bizancio se ubicó en un lugar perfecto entre las fronteras este y oeste del imperio. Rodeada por tres lados con agua, tenía increíbles defensas naturales. La ciudad poseía un gran puerto en el centro de las lucrativas rutas comerciales entre el Mediterráneo y el Mar Negro. Por último, pero no menos importante, este fue el sitio donde Constantino aplastó a Licino y se convirtió en el único gobernante del imperio.

La Nueva Roma fue construida muy rápido, en solo seis años. La gente de todas partes del imperio se alegró de mudarse allí y disfrutar de los numerosos beneficios, incluidos el grano gratis y el agua dulce, así como las perspectivas de avance en la escala social. La nueva capital se fundó el 11 de mayo de 330, y posteriormente se conoció como Constantinopla.

Los últimos años de Constantino el Grande: Un oscuro secreto, bautismo y muerte

En sus últimos años, Constantino luchó por preservar la armonía política y religiosa. Gobernó de manera opresiva y utilizó medidas severas para devolver algo de prosperidad. Tuvo éxito al hacerlo, pero también se estaba volviendo cada vez más despiadado. No podía tolerar a ningún posible rival y ya había matado a muchos, pero esta vez fue diferente. Había un hombre a quien las masas amaban realmente y a quien querían ver como el próximo emperador. Este hombre se llamaba Crispo, el hijo mayor de Constantino. El emperador no pudo soportar la popularidad de su hijo. Él acusó a Crispo de intentar seducir a su madrastra, Fausta, y los mataron a ambos.

A pesar de su mano firme, Constantino no podía controlar todo. No pudo manejar la iglesia de la manera que quería. Influyó en la doctrina oficial establecida en Nicea, pero las mentes y la fe de la gente común estaban más allá de su poder. Los herejes como Ario obtuvieron el apoyo de muchos, a pesar de que previamente habían sido desterrados de la iglesia. Constantino nunca estuvo seguro de qué facción dentro de la iglesia tenía razón y siempre estuvo interesado en apoyar a la que era más fuerte y más popular. Al final, fue bautizado por el obispo Ario llamado Eusebio. Tratando de fortalecer su posición, Constantino volvió a perseguir la gloria militar. En 337, fue a atacar a los persas, pero no pudo hacerlo. Estaba demasiado enfermo para pelear esa batalla. Consciente de que se estaba muriendo, necesitaba la bendición de último minuto. El emperador que tuvo un gran impacto en la historia al abrazar el cristianismo, fue bautizado justo antes de su muerte.[x] Fue enterrado "igual que los apóstoles" en la lujosa Iglesia de los Santos Apóstoles en Constantinopla.

Capítulo 3 - De la muerte de Constantino a la caída del Imperio Occidental

Aunque el imperio había sido transformado profundamente durante los reinados de Domiciano y Constantino, los ciudadanos tanto de occidente como de oriente continuaron identificándose como romanos. Algunos de ellos eran cristianos, pero el paganismo también persistió. Los templos de la antigua religión estatal estaban llenos, al igual que las iglesias. El cristianismo era legal, pero aún no se había convertido en la fe oficial del imperio. Pero ese no fue el único problema que Constantino dejó sin resolver.

Al difunto emperador no le importaba quién lo sucedería mientras (como hemos visto en el capítulo anterior) que nadie intentara reemplazar mientras aún estaba vivo. Ahora que había muerto, sus tres hijos, Constantino II, Constancio II y Constantes, dividieron el imperio entre ellos, pero poco después, comenzaron a matarse entre sí para tomarlo todo. Al mismo tiempo, Constancio II, que era el más capaz de los hermanos, logró deshacerse de cualquiera que pudiera decir que tenía una gota de la sangre de su padre, con la excepción de un primo más joven llamado Juliano, que no parecía ser una gran amenaza. Luego, después de tres años, Constancio II invadió el área controlada por su hermano menor, y comenzó otro período de guerra civil.

El apóstata Juliano: Zeus contraataca

El pequeño Juliano (Flavio Claudio Juliano, más tarde conocido como Juliano el Apóstata), que tenía solo cinco años cuando sus primos mayores estaban ocupados luchando entre sí, pasó sus primeros años bajo una especie de arresto domiciliario. Incluso cuando creció, no mostró ambiciones imperiales. Juliano solía leer los clásicos griegos y romanos cuando era niño, y cuando cumplió diecinueve años, logró obtener permiso para viajar y continuar sus estudios del mundo clásico. Viajó de Pérgamo a Éfeso, aprendió filosofía, rechazó el cristianismo en secreto y abrazó el neoplatonismo, una escuela de pensamiento basada en la interpretación de la filosofía platónica de Plotino. Juliano tuvo cuidado de mantener oculta su apostasía, y se mostró a sus maestros cristianos como el más piadoso de los hombres. Pero había llegado el día en que ya no podía continuar con su vida de erudito. El emperador lo necesitaba.

Mientras tanto, Constancio II logró deshacerse de sus hermanos y tomar todo el imperio. Pero Roma tenía demasiados enemigos, y era demasiado difícil para un solo gobernante controlarlo todo. Los bárbaros estaban invadiendo los territorios del norte, pero él necesitaba luchar contra Persia. Irónicamente, ahora que todos sus hermanos habían sido asesinados, necesitaba desesperadamente a alguien de su sangre para cuidar otros frentes. Entonces, llamó a Juliano, le dio el rango de César (emperador menor), le dio 360 hombres absolutamente incapaces y lo envió a la Galia.

Juliano (quien "solo sabía orar"[xi]), era un erudito introvertido, y tenía cero experiencia militar. Nadie realmente esperaba que lograra nada, pero estaban equivocados. Durante los cinco años que pasó en la Galia, logró organizar el ejército local, expulsar a los bárbaros, liberar a veinte mil prisioneros, llevar la paz a la provincia, derrotar a las tribus germánicas en su propio territorio, tomar a su rey como prisionero de guerra y enviarlo a Constantinopla en cadenas.

Constancio se sintió amenazado por la victoria de su primo joven y al instante exigió que se le enviaran dinero y tropas de la Galia para que lo enviaran como apoyo contra los persas. Los hombres de Juliano no querían dejar a sus familias e irse al este, por lo que se amotinaron. Los soldados se reunieron durante la noche, rodearon el palacio de Juliano, lo aclamaron como Augusto y le exigieron que los guiara contra Constancio. Habiendo recibido una señal de Zeus (como él afirmó), Juliano aceptó, y casi comenzó otra guerra. Como ya no necesitaba fingir que era cristiano, Juliano envió manifiestos a todas las ciudades importantes para restaurar la religión tradicional romana. Pero luego se difundió la noticia de que Constancio murió de una enfermedad. Juliano llegó a Constantinopla, donde fue recibido con entusiasmo por las multitudes y por el Senado.

Pero Juliano no estaba feliz. Veía decadencia, codicia y falta de disciplina en todas partes. El imperio estaba enfermo, y él culpó al cristianismo, con sus atributos "femeninos" de bondad y perdón que reemplazaron el tradicional sentido romano de honor y deber, como la causa principal de esta decadencia.

Juliano fue lo suficientemente inteligente como para darse cuenta de que la persecución no funcionaría, por lo que publicó un edicto de tolerancia. Pero al mismo tiempo, proclamó el paganismo romano tradicional como una religión superior. Reabrió los templos en todo el imperio y probó varias medidas sutiles, y algunas menos sutiles, para persuadir a la población de que volviera a la antigua religión, pero sin éxito. Luego llegó a la idea de imponer sus ideas mediante una gran victoria militar, tal como lo había hecho Constantino al ganar la batalla del Puente Milvio.

Juliano el apóstata [xii]

Decidido a destruir el cristianismo, Juliano envió mensajeros para pedirle al oráculo en Delfos una profecía. La respuesta no fue lo que esperaba. Las palabras del oráculo fueron: "Dile al emperador que mi salón se ha derrumbado. Febo ya no tiene su casa, ni su bahía mánmica, ni su primavera profética; el agua se ha secado". [xiii]

Nunca sabremos con certeza si esta profecía fue auténtica o si fue hecha por cristianos contemporáneos, pero no fue la única señal de que las cosas no terminarán bien para Juliano. Él ordenó la reconstrucción del antiguo templo judío en Jerusalén solo para demostrar que Cristo estaba equivocado cuando profetizó que el templo no sería restaurado hasta el final de los tiempos. Pero las obras se interrumpieron dos veces, una por un terremoto y la segunda por un incendio que quemó toda la estructura. Como si esto no fuera suficiente, el emperador se estaba volviendo cada vez más impopular, especialmente después de que cerrara una catedral cristiana y usara el oro para pagar a su ejército. Sin embargo, no estaba dispuesto a rendirse.

En la primavera de 363, marchó hacia el este para atacar a Persia. Su ejército era un ejército romano propio, enorme y poderoso, y entró fácilmente en el territorio persa. Pero la capital persa de Ctesifón estaba rodeada de altos muros. No pudieron entrar, pero tampoco pudieron quedarse. El calor era insoportable para los romanos, y surgió la noticia de que venía un gran ejército persa, por lo que Juliano abandonó el asedio renuentemente. Unos meses más tarde, los persas atacaron, y Juliano acabó siendo herido fatalmente. Juliano fue el último emperador romano pagano y los intentos de restaurar el mundo antiguo terminaron con él. También fue el último emperador de la dinastía de Constantino, y ahora el camino estaba abierto para una nueva línea.

Mayor decadencia: Valentiniano, Valente y Graciano

El mundo siguió cambiando y el Imperio romano pronto fue inundado por tribus germánicas que no venían como invasores, sino como colonos que querían refugiarse de los hunos, la nueva fuerza que los asustaba incluso a ellos. Sin embargo, no estaban dispuestos a asimilar y aceptar la cultura romana, y los patrones sociales cambiaron. Al mismo tiempo, el imperio era gobernado por un emperador incompetente tras otro.[xiv] Después de que Juliano se asfixiara al dejar un brasero encendido en su tienda durante la noche, sus sucesores, Valentiniano y Valente, volvieron a dividir el imperio. Valentiniano gobernó occidente durante once años antes de morir, dejando a un hijo llamado Graciano como su heredero. Graciano era demasiado joven y cayó bajo la influencia de su tío.

Valente hizo un trato con los doscientos mil visigodos y ostrogodos que querían establecerse en el territorio romano. Los recién llegados recibirían tierras en Tracia y proporcionarían tropas. Pero eso no terminó bien. Las grandes tensiones entre los locales y los recién llegados aumentaron y, en 378, Valente y Graciano conjuntamente (pero sin un informe preciso o un plan adecuado) atacaron a los godos cerca de Adrianópolis. Los romanos se agotaron de la larga marcha y fueron torturados por el calor, y los godos mataron a dos tercios de ellos. Esta fue una catástrofe que permitió que cada tribu bárbara entrara al imperio e hiciera lo que quisiera, y así lo hicieron.

Los godos incluso se extendieron hacia el este y amenazaron a Constantinopla. La situación era casi imposible de manejar.

Teodosio al rescate

Ahora que Valente estaba muerto, el emperador occidental, Graciano, nombró a su mejor general, Teodosio, como el emperador de la mitad oriental del imperio. Decenas de miles de soldados con experiencia murieron en el desastre de Adrianópolis, y Teodosio tuvo que encontrar algo de sangre fresca rápidamente. Puso a casi todos en servicio, y finalmente dejó entrar a las tropas bárbaras. Básicamente confirmó el arreglo hecho por Valente, pero lo hizo más inteligente, prestando más atención a los detalles. Funcionó en este momento, aunque dejó consecuencias desastrosas que se harían visibles dentro de una generación: la caída de Roma y el comienzo de la Edad Oscura en el Imperio romano de Occidente.

En 382, en su camino a Tesalónica, Teodosio cayó enfermo y parecía que iba a morir. Al igual que Constantino, él quería lavarse las manos y ser bautizado antes del final de su vida. Sin embargo, después del bautismo, se recuperó. Esto trajo un cambio profundo en la forma en que gobernó el imperio. Ya no podía matar a inocentes o ignorar los problemas dentro de la iglesia. Se ocupó de la herejía arriana y, poco después, del paganismo dentro del imperio. A instancias de su mentor religioso, el obispo Ambrosio de Milán, Teodosio finalmente cerró los templos públicos y renunció al título de Pontífice Máximo, el principal sacerdote de la religión tradicional romana, anteriormente poseído por todos los emperadores romanos desde Augusto. Realmente no estaba dispuesto a hacerlo, pero se vio obligado a hacerlo. Después de matar a unos pocos miles de civiles para reprimir un motín en Tesalónica, Ambrosio no permitió que Teodosio entrara en la Iglesia hasta que hiciera la expiación. Tardó meses, pero eventualmente, Teodosio se disculpó y realizó la penitencia.

Poco después, puso fin a todas las cosas paganas, desde los Juegos Olímpicos, hasta el Oráculo de Delfos y el Templo de Vesta. Las vírgenes vestales fueron despedidas y el fuego eterno se extinguió. En 391, Teodosio hizo oficialmente el cristianismo, que también había evolucionado y aceptado algunas características romanas ya en este punto, la única religión en el imperio.

El saqueo de roma

Los sucesores de Teodosio no eran lo suficientemente fuertes para lidiar con los elementos "bárbaros" en el imperio, y las tribus germánicas y otras lograron un poder enorme. Las personas que controlaban ejércitos tenían más influencia que los emperadores del este y el oeste. Roma estaba bajo el mando de un general de origen vándalo llamado Estilicón, aunque también había un emperador (Honorio). En realidad, fue bastante conveniente, porque Estilicón era un comandante brillante, capaz de sofocar revueltas e invasiones de bárbaros germánicos. Pero, desafortunadamente, ni el Senado en Roma, ni los funcionarios públicos en Constantinopla lo apoyaron. Cuando trató de sobornar al rey visigodo Alarico en lugar de luchar contra él (lo cual fue una decisión razonable que podría salvar muchas vidas romanas y posponer una catástrofe), el emperador Honorio se convenció de que Estilicón había traicionado a Roma. El poderoso general fue asesinado, e Italia estaba indefensa. Así, en 401, el ejército de Alarico invadió Italia. Los godos escalaron las siete colinas de Roma y arruinaron la ciudad. Honorio escapó a Rávena, y los ciudadanos de Roma y las provincias occidentales, como Britania, fueron dejados a su suerte.

Los Hunos

Constantinopla todavía estaba a salvo. El Imperio oriental mantuvo los derechos universales y divinos del imperio. En cuanto a occidente, estaba condenado. Alarmado por el saqueo de Roma, el nuevo emperador del este, Teodosio II, ordenó construir enormes muros alrededor de Constantinopla. Alarico murió poco después y ya no representaba una amenaza, pero esos muros sirvieron bien a los emperadores orientales durante otros mil años. De hecho, de inmediato resultaron muy útiles. Mientras tanto, una nueva horrible amenaza vino de Asia: Atila y los hunos. Los hunos dieron un nuevo significado a la palabra "incivilizado". Dormían en sus caballos, nunca se cambiaban de ropa, nunca se bañaban ni cocinaban su comida. Eran tan aterradores que las personas de todo el imperio llamaban a Atila "El Azote de Dios".

Constantinopla se vio obligada a dejar que los hunos entraran en el territorio romano y dar a Atila enormes riquezas para dejarlos en paz. Pero unos meses después volvieron por curiosas circunstancias. La hermana del emperador, Honoria, hizo todo lo posible por escapar de un matrimonio forzado con un senador. Cuando todos sus intentos anteriores fallaron, ella envió una carta y un anillo a Atila, quien luego vino a tomar lo que le pertenecía.

No quedaba nadie en Roma para resistir a Atila o tratar de persuadirlo para que perdonara la ciudad, excepto el Papa León. Los dos hombres se reunieron y hablaron, y los hunos abandonaron la ciudad. A la mañana siguiente, Atila fue encontrado muerto en su tienda.

La caída final del imperio occidental y la resistencia del este

Atila murió, y los hunos ya no amenazaron al Imperio romano, pero el verdadero enemigo todavía estaba allí, y no solo estaba integrado en la sociedad, sino que también lo controlaba. Los bárbaros estaban justo detrás del trono, ejerciendo el poder y controlando a los emperadores. Cuando el emperador Valentiniano III decidió deshacerse de su maestro bárbaro, él también fue asesinado. Su viuda pidió a los vándalos que vinieran a ayudar a los romanos. Vinieron, saquearon Roma y se llevaron consigo a la emperatriz a Cartago.

Al mismo tiempo, Constantinopla estaba bajo el control del General de Sarmacia, Aspar, y su títere emperador, llamado León. Pero León no estaba contento con su estado y estaba buscando la manera de derrocar a su maestro, pero no de la forma en que lo hizo Valentiniano en occidente. En cambio, encontró una manera de quitarle el control militar. Con la ayuda del General Isauriano, Tarasicodissa, logró acusar a Aspar de traición. A su vez, Tarasicodissa, ahora helenizada y renombrada a Zenón, recibió la mano de la hija de León y el poder necesario para resistir a Aspar.

Mientras tanto, León decidió subyugar al reino vándalo del norte de África, y utilizó todos los recursos disponibles para equipar al ejército. Sin embargo, el comandante a cargo era la peor opción posible: su cuñado, llamado Basilisco, que aterrizó lejos de Cartago, destruyó accidentalmente la flota, destruyó el ejército, entró en pánico y huyó.

León fue sucedido por Zenón en 474, pero Basilisco y su hermana, Verina, pronto lo derrocaron, y el vergonzoso comandante se hizo cargo del trono. Pronto demostró que su capacidad para gobernar estaba a la par con su capacidad para liderar un ejército. Sus acciones provocaron una rebelión masiva. Entonces Zenón regresó con un ejército. Los generales de Basilisco con gusto cambiaron de bando, y también lo hizo el Senado.

Mientras Zenón estaba ocupado restableciendo la estabilidad en el Imperio romano oriental, el occidente colapsaba. En 476, un general bárbaro, Odoacro, envió al emperador adolescente Rómulo Augústulo al exilio. Odoacro cogió la corona y el cetro y se los envió a Zenón. El emperador del este no estaba dispuesto a ayudar al general bárbaro a tomar occidente, pero tampoco podía luchar contra él. Finalmente, se le ocurrió un gran plan; le dio autoridad al rey ostrogótico Teodorico (que en ese momento estaba causando un desastre en los Balcanes) para gobernar el oeste. Los godos abrumaron a Odoacro y se establecieron en Italia. Al mismo tiempo, el Imperio oriental finalmente se liberó de cualquier influencia bárbara interna. Zenón logró restablecer la estabilidad, pero no logró vivir lo suficiente para ver la nueva era que comenzó gracias a su esfuerzo.

Capítulo 4 - La era de Justiniano, el gobernante más grande del Imperio bizantino

El sucesor inmediato de Zenón fue Anastasio I, quien estableció algunos patrones nuevos y sostenibles de gobierno, burocracia y desarrollo económico en el Imperio oriental, reformó el sistema de impuestos, introdujo una nueva moneda, minimizó la corrupción y dejó un considerable superávit presupuestario. Murió sin hijos y, en 518, un heredero poco probable llegó al trono. Justino provenía de una familia campesina de Tracia, se unió al ejército en Constantinopla y ascendió al puesto de comandante de la guardia de palacio. Ahora, con el apoyo de los militares (alentado por las donaciones en plata), se convirtió en el emperador. Justino tenía 70 años en ese momento y no estaba educado adecuadamente para dirigir un estado, pero su sobrino e hijo adoptivo, Petrus Sabbatius, era bastante joven (36) y bien educado. Petrus agradeció todo el apoyo que recibió de su tío, que incluía la mejor educación disponible, y cambió su nombre a Justiniano.

Consciente de su poder como hijo adoptivo del emperador, Justiniano estaba entusiasmado con la adopción de una política exterior más agresiva. Sus dos objetivos principales eran retomar occidente y liberar a Roma de los bárbaros, restaurar las relaciones con el papado y reunir a la iglesia. La noticia inquietó al rey gótico en Italia, que sabía que su gobierno se estaba desmoronando. Sin embargo, Justiniano no tenía prisa. Pasó muchos días viendo carreras de carros en el Hipódromo, donde él, a diferencia de los gobernantes anteriores a él, apoyó abiertamente a "los Azules" contra "los Verdes". Su pasatiempo le permitió conectarse con la vasta red de ciudadanos que apoyaban al mismo equipo, por lo que sabía mejor que nadie lo que estaba sucediendo en la ciudad en todos los niveles. Esas personas le dieron mucha información valiosa, y más: le presentaron a una bella actriz joven (la palabra "actriz" era sinónimo de "prostituta" en aquel entonces) llamada Teodora. Se enamoró locamente de ella y, a pesar de su estatus de "una dama del escenario", se casó con ella con el consentimiento de su tío emperador benevolente.

Justino seguía siendo el emperador, pero era Justiniano quien tomaba todas las decisiones. Ofreció apoyo a los pueblos vecinos que lucharon bajo las tiranías de sus amos. Los emisarios de toda la región se reunieron en Constantinopla. La ciudad se convirtió virtualmente en el centro del mundo. Los reyes vasallos leales al rey de Persia cambiaron de bando rápidamente, alentados por el apoyo de Constantinopla. Además, un ejército bizantino dirigido por el guardaespaldas de Justiniano llamado Belisario, invadió la Armenia persa. Esta fue solo la primera acción en la línea de acciones expansionistas que pronto tendrían lugar.

La Coronación de Justiniano y Teodora

En 527, ahora gravemente enfermo, Justino, incitado por el Senado, coronó a Justiniano como co-emperador. A finales de año, Justino estaba muerto y el imperio pertenecía a Justiniano y Teodora. Eran muy diferentes de cualquiera que hubiera estado alguna vez en el trono del Imperio romano. La coronación en Santa Sofía fue lujosa y anticipaba una nueva era de gloria.

Justiniano creía que el Imperio romano no estaba completo sin Roma. Había un solo Dios en el cielo, y también debería haber un solo imperio en la tierra. Como era el emperador, era su responsabilidad restaurar el orden celestial y recuperar esos territorios occidentales.

Justiniano I el Grande xv

La ley romana

Aunque admirado por sus objetivos y acciones imperiales, Justiniano no era realmente popular. Su política incluía acciones militares y proyectos de construcción costosos, y todo provenía de impuestos. Incluso los ricos y privilegiados no pudieron seguir escapando de sus compromisos, lo que aumentó la hostilidad entre la nobleza y el emperador. Justiniano favoreció a los individuos pragmáticos sobre los de sangre azul y se rodeó de unos cuantos hombres extremadamente capaces. Uno de ellos fue Triboniano, un increíble abogado que conocía las leyes y edictos romanos como nadie en el imperio.

En ese momento, la ley romana era un desastre. A pesar de que todo era simple en los albores de la civilización, las cosas habían cambiado seriamente durante los últimos mil años, lo que trajo numerosos precedentes contradictorios, interpretaciones conflictivas y exenciones especiales. Ninguno de ellos fue escrito en un solo lugar. Entonces, Juliano decidió sistematizar la ley romana, eliminar repeticiones e inconsistencias, y crear un código legal completo, el primero en la historia imperial. Triboniano lo hizo realidad; produjo el códice que se convertiría en la base de la mayoría del sistema legal que todavía utilizamos hoy.[xvi]

Belisario, el General Superior

En 528, los persas atacaron de nuevo, esta vez con un ejército grande e intimidante. Las fuerzas bizantinas dirigidas por el general Belisario no solo las derrotaron, sino que también formaron parte de Armenia. La guerra finalmente había estallado con Persia, y él había estado ocupado reorganizando el ejército del este. El anciano rey persa envió un gran ejército para aplastar a los romanos, pero Belisario lo derrotó con su estilo característico, e incluso logró conquistar parte de la Armenia persa. Casi al mismo tiempo, los vándalos en el norte de África derrocaron a su rey, que era al menos formalmente un vasallo leal a Constantinopla, y enviaron algunas amenazas ofensivas. Poco después, Belisario tuvo la libertad de tratar con ellos también. Pero algo inesperado estaba sucediendo en Constantinopla.

La rebelión de Nika

Mientras Justiniano estaba pensando en reconquistar los territorios romanos, Constantinopla estaba al borde de una rebelión. Los altos impuestos y los funcionarios corruptos hicieron que las turbas se enojaran, pero hubo una gota que derramó el vaso. Los Azules y los Verdes ocasionalmente causaban incidentes, casi como los hooligans del fútbol de hoy en día, y Justiniano restringió sus privilegios. Luego, durante los idus de enero, alguien de la multitud comenzó a maldecir a Justiniano. El emperador respondió con dureza e hizo que la multitud se pusiera furiosa, lo que lo obligó a retirarse al palacio. Cuando el Hipódromo estuvo abierto para nuevos juegos tres días después, treinta mil personas comenzaron a gritar "¡Níka!" ("¡Conquista!"). Justiniano tuvo que huir de nuevo, y las masas salieron a las calles, entraron en las cárceles y luego los convictos se unieron a ellos también.

La policía imperial no pudo hacer frente a la situación. Los aristócratas estaban ansiosos por ver derrocado al emperador, y les dieron las armas a los alborotadores. La ciudad estaba en llamas. Los asesores del emperador le aconsejaron que escapara mientras todavía pudiera, pero la emperatriz levantó la voz y no estuvo de acuerdo, afirmando que un emperador no puede permitirse convertirse en un fugitivo.[xvii] Entonces surgió la solución. Belisario acababa de regresar de Persia y aún no había sido enviado a África. Él fue capaz de cuidar de Constantinopla. El poderoso general tomó a sus hombres y salió a las calles. La gran mayoría de los manifestantes se reunieron en el Hipódromo, donde el ejército los mató a todos. Treinta mil hombres murieron, y la ciudad quedó en un silencio mortal.

Posteriormente, diecinueve senadores que apoyaron a los manifestantes fueron asesinados y arrojados al mar. Nadie se atrevió nunca más a causarle problemas a Justiniano.

La era dorada bizantina

El desastre en el hipódromo también fue una oportunidad. Justiniano comenzó un gran programa de construcción que transformó la ciudad en una metrópolis verdaderamente magnífica. Un nuevo y extravagante edificio del Senado reemplazó al que fue quemado. Se construyó una enorme cisterna subterránea para proporcionar agua dulce a la gente, así como a las numerosas fuentes. El edificio más importante que se había demolido en la rebelión fue la Santa Sofía. La iglesia fue construida por Constancio II y reconstruida por Teodosio II. Justiniano abandonó el antiguo proyecto e hizo quizás la catedral más impresionante jamás construida.

Santa Sofía hoy (adaptada en una mezquita), Estambul, Turquía [xviii]

Belisario retoma las provincias

Después de restablecerse la paz doméstica y las obras de construcción casi completas, Justiniano se centró en sus sueños de expansión imperial. Envió a Belisario a África, pero no gastó demasiado en la campaña. Belisario tenía solo dieciocho mil hombres y las provisiones esenciales. Sin embargo, el general a cargo logró derrotar a los vándalos en África, principalmente gracias a una disciplina notable. Cartago fue reconquistado y una vez más romano.

Justiniano concedió un triunfo a su general favorito y lo envió de inmediato a Sicilia. Al mismo tiempo, otro general fue enviado al norte de Italia. Belisario triunfó, pero el otro general que iba a apoyarlo desde el norte desafortunadamente fracasó y fue asesinado, lo que obligó al ejército, sin nadie que los comandara, a retirarse. Pero al año siguiente, Belisario entró en Roma. Su logro fue increíble, pero solo tenía cinco mil hombres. Después de algunas acciones dramáticas, le escribió a Justiniano pidiendo más hombres. Sin embargo, su petición de refuerzos fue interpretada como una intención de Belisario para tomar el trono. Solo le enviaron unos pocos miles de hombres y, aun así, en solo cinco años sometió a miles y devolvió a África e Italia al imperio. Podría haber sido capaz de retomar España y la mayor parte de Europa occidental si no hubiera sido por la emperatriz, que creía que el general era demasiado poderoso como para confiar en él.

Los tiempos difíciles: la plaga

Cuando Justiniano finalmente envió refuerzos a Belisario, estaba compuesto por siete mil hombres dirigidos por un anciano general llamado Narsus. Narsus era una figura influyente, y socavó gravemente la autoridad de Belisario. El ya pequeño ejército se partió por la mitad. La parte del ejército encabezada por Belisario entró en Milán, pero se le exigió que regresara al Imperio oriental y luchara contra los persas. Cuando esta campaña terminó, no hubo necesidad de más guerra. Todos los enemigos, incluidos los vándalos y los godos, quedaron incapacitados. El Imperio bizantino era más poderoso que nunca, pero el período de prosperidad fue breve. Surgió un enemigo nuevo y muy diferente. Las ratas portadoras de pulgas infectadas con peste llegaron a Egipto, la principal fuente de grano imperial, y la enfermedad se extendió por todo el imperio. En Constantinopla, diez mil personas al día estuvieron muriendo por un período de cuatro meses. Cuando la plaga finalmente terminó, la población tuvo que enfrentar el hambre y la pobreza.

Cuando la enfermedad se extendió por todo el imperio, Belisario estaba a salvo en la frontera persa. Pero Justiniano fue herido por la enfermedad. Teodora temía que Belisario tomara el trono si Justiniano moría, y utilizó su poder para desterrar al general en desgracia, acusándolo de traición.

Los persas aprovecharon la oportunidad para atacar al imperio debilitado, pero solo lograron acabar infectados. Al mismo tiempo, los godos se apoderaron de Italia una vez más, y Belisario no pudo resistirlos. Mientras tanto, Justiniano se recuperó, llamó a Belisario y lo envió a Italia una vez más, seguido de tan solo cuatro mil hombres, solo para descubrir que la gente en Italia no quería pagar impuestos al imperio empobrecido. Justiniano se quedó sin opciones.

Poco después, Teodora murió. Justiniano volvió a llamar a Belisario, le regaló un lujoso palacio y construyó una estatua en su honor. Luego envió al general Narsus, que previamente había socavado la autoridad de Belisario en Italia, con un gran ejército para reclamar la victoria en Roma, y otro, Liberio, para retomar España.

Sin embargo, los planes imperiales de Justiniano tuvieron que ser suspendidos. La plaga volvió, seguida de un terremoto. El estado empobrecido y el número drásticamente reducido de hombres que podían servir al ejército no eran suficientes para proteger las fronteras. Pronto los hunos comenzaron a entrar en el territorio bizantino, y solo Constantinopla estaba a salvo gracias a sus muros y defensas naturales. Por suerte, Justiniano todavía tenía a Belisario, que continuaba siendo igual de brillante que antes. El general dirigió a unos cientos de guardias y veteranos, aplastó a los hunos y los expulsó del territorio. Pero también inspiró los celos en su emperador, quien de repente disparó a Belisario y tomó el mando del ejército.

Finalmente, Justiniano logró recuperar a Roma y mantener la paz hasta el final de su vida y reinado. Fue el último emperador romano en hablar latín como su primer idioma, y uno de los más grandes visionarios que el imperio haya tenido.[xix]

Capítulo 5 - Heraclio

Los emperadores que, sucesivamente, llegaron después de Justiniano, Justino II, Tiberio II Constantino, Mauricio y Focas, no son dignos de mencionar. Occidente se perdió de nuevo, esta vez para siempre, y el este vivió su vida más o menos como lo hacía antes. Las empresas prosperaban, los comerciantes viajaban por los caminos construidos por los emperadores anteriores y los estudiantes aprendían en las universidades. Incluso las clases más bajas estaban algo relajadas durante el tiempo de paz, que desafortunadamente no duró.

En el siglo VI, las guerras y los desastres dificultaron la vida de todos, especialmente de los pobres. Las pequeñas granjas fueron tragadas por grandes terratenientes con el consentimiento o la indiferencia del emperador. Los impuestos se recaudaban diligentemente de los pobres, mientras que los aristócratas gozaban de injustas exenciones fiscales. Los emperadores lideraban guerras sin sentido, sus ejércitos destruían todo en el camino, tal como lo habían hecho antes los ejércitos bárbaros. La gente detestaba a los emperadores lejanos de Constantinopla y no los veía como sus verdaderos líderes. Las revueltas se volvieron comunes. A finales del siglo VI, el imperio estaba al borde del colapso. Un usurpador mentalmente enfermo llamado Focas tomó el trono. Los ejércitos estaban desorganizados. Los bienes fueron robados. Las tribus esclavas invadieron los Balcanes. El desorden y la pobreza estaban en todas partes. Pero había una parte del imperio que todavía estaba prosperando: el norte de África. El Senado en Constantinopla vio eso como una posibilidad y escribió en secreto al emperador del norte de África, pidiéndole que tomara el control del ejército bizantino y salvara al imperio de la miseria.

El gobernador de Cartago era un hombre mayor y no estaba interesado en grandes acciones, pero su hijo Heraclio sí lo estaba. Tomó una flota y se fue a Constantinopla. No tuvo problemas para tratar con Focas; la mafia ya lo había linchado tan pronto como notaron que el nuevo emperador se acercaba en 610. Pero el imperio tenía otros problemas más serios: los persas habían invadido Armenia y Mesopotamia, gran parte del territorio central bizantino y partes de Egipto. Incluso la plaga había vuelto. Difícilmente podría ser peor. Entonces los refugiados del este trajeron noticias de que los persas habían tomado Jerusalén y matado a todos sus hombres. En 619, los persas saquearon Egipto. Ya no había pan gratis para la gente de Bizancio. El imperio no tenía dinero para pagar a los soldados, y Heraclio se dirigió a la iglesia. El patriarca Sergio le entregó todos los tesoros de la iglesia, incluidas las placas de oro y plata.

La guerra contra los persas

Heraclio no se apresuró a luchar contra los persas. Escondido detrás de los muros de Constantinopla, reorganizó sistemáticamente el ejército. Le llevó diez años, pero el resultado fue notable. El ejército que dejó la seguridad de la ciudad en 622 se sintió confiado e inspirado por un gran liderazgo. Lanzaron un ataque sorpresa desde el mar y aplastaron a los persas con una facilidad increíble. Luego los bizantinos fueron al lugar sagrado de los persas en el actual Azerbaiyán y quemaron el templo de Zoroastro, vengando a Jerusalén. Pero la posición de este valiente ejército era peligrosa. Fueron superados en número y podían ser fácilmente rodeados por todos lados, y no quedaba nadie para proteger a Constantinopla.

Heraclio tomó la decisión de dividir el ejército en tres partes: una era para defender la capital y las otras dos para invadir diferentes partes del Imperio persa. La fracción liderada por el hermano de Heraclio, Teodoro, obtuvo una gran victoria; Heraclio ganó otra, entró en Ctesifonte y devolvió la Verdadera Cruz, aquella que los persas habían robado de Jerusalén. Los años en que Persia causó el terror se acabaron de una vez por todas. El Imperio bizantino finalmente tuvo el glorioso emperador que se merecía.

Cambios culturales

En la época de Heraclio, muy pocas personas sabían el latín. El griego era ahora el idioma oficial del imperio. Incluso los emperadores, que solían ser aclamados como Imperator César y Augusto, ahora tenían el título de Basileo.

En 630, Heraclio fue a Jerusalén para devolver la Cruz Verdadera a donde pertenecía. Todavía tenía que descubrir que la iglesia no era única, y que era una verdadera debilidad que cualquier futuro invasor explotaría.

El ataque musulmán

En 622, cuando Heraclio luchaba contra los persas en la Península Arábiga, un hombre llamado Muhammad fue de La Meca a Medina y comenzó a matar a las tribus locales. Dividió el mundo en dos partes: Dar al-Islam (la Casa del Islam) y Dar al-Harb (la Casa de la Guerra). Sus seguidores creían que su deber era expandir la Casa del Islam a través de la santa yihad. En cinco años, los ejércitos musulmanes estaban listos para comenzar su misión. Los imperios circundantes estaban más débiles que nunca. Los persas pidieron ayuda a los bizantinos y a los chinos, pero la ayuda nunca llegó. Después de Persia, el ejército musulmán entró en la provincia bizantina de Siria, destruyó Damasco y, poco después, Jerusalén. Para entonces, Heraclio estaba gravemente enfermo y era incapaz de defender los territorios. Lo único que podía hacer en Jerusalén era llevar la Cruz verdadera con él a Constantinopla. Por el resto de su vida, Heraclio tuvo la sensación de que Dios lo había abandonado.

Gran parte de Oriente Medio sufrió un profundo cambio. El árabe reemplazó al griego, y el islam reemplazó al cristianismo. Eventualmente, Damasco y Bagdad, en lugar de Roma y Constantinopla, se convirtieron en el centro del mundo para ellos. En cuanto al Imperio bizantino, no había nadie capaz de reemplazar a Heraclio en el trono. Los siguientes cinco gobernantes fueron menores de edad y sin ninguna influencia real. Luego vino el período conocido como la Anarquía de los Veinte Años. Numerosos usurpadores lucharon entre sí, empujando al imperio a un mayor caos. La mayor parte del este había caído bajo la espada islámica, incluyendo todo Egipto. Incluso Constantinopla estaba en peligro, pero con el tiempo surgió un nuevo gobernante competente que consolidó la fuerza bizantina.

Capítulo 6 - Los iconoclastas: León III el Isauriano y Constantino V

A finales del siglo VII, las fuerzas musulmanas sostuvieron tres de las cinco grandes ciudades cristianas: Jerusalén, Alejandría, Antioquía y virtualmente todas las capitales importantes en el este.[xx] Constantinopla ya no era invencible: los musulmanes habían construido una armada lo suficientemente poderosa como para derrotar a los bizantinos. Aterrado, el emperador y todo el gobierno se mudaron de Constantinopla a Sicilia. Lo único que impidió que los árabes destruyeran por completo a Constantinopla fue una guerra civil entre sus líneas, una que aún no ha terminado, entre los chiitas y los sunitas.

El próximo objetivo de las fuerzas del islam fue Afganistán. La administración bizantina regresó a Constantinopla, pero los musulmanes continuaron abrumando sus fuerzas. Siracusa en Sicilia fue destruida, y los árabes rápidamente conquistaron el norte de África. Determinado a terminar con Constantinopla, el califato árabe lanzó ataques anuales contra la ciudad, que ahora estaba expuesta desde el mar. El ejército islámico invadió la isla de Rodas, ubicada frente a Constantinopla. Solo un milagro podía salvar a los cristianos. Pero entonces, un refugiado sirio de Heliópolis, llamado Calínico, inventó el "fuego griego", un líquido extremadamente inflamable (la fórmula exacta se mantuvo como secreto de estado y nunca se reveló), que se liberó en la flota enemiga desde grandes distancias. Las bolas de textiles se empaparon y se lanzaron a los barcos, que se quemaron uno tras otro, y el agua de mar solo empeoró las cosas para ellos. Constantinopla fue salvada.

Desafortunadamente, el resto del imperio estaba totalmente desprotegido, y cayó rápidamente. A principios del siglo VIII, las fuerzas islámicas tomaron España. Pronto se sintieron lo suficientemente fuertes como para intentarlo de nuevo y finalmente invadir Constantinopla.

Mientras tanto, un hombre de Siria llamado Konon vio su oportunidad y, en medio del caos, tomó el trono y cambió su nombre a León III. Gracias a su experiencia en la lucha contra los árabes y el invierno más frío en muchos años, el ejército musulmán fue vencido y obligado a regresar a Damasco.

La iconoclasia bizantina

El Imperio bizantino había sufrido terribles pérdidas. Dos tercios del territorio y la mitad de la población habían desaparecido. El imperio que una vez fue dominante se limitó a Asia Menor, que ahora era más pobre y más débil que nunca. Los musulmanes insistieron en que Cristo era solo un profeta ordinario y, por un momento, parecía que Dios estaba de su lado. ¿Había algo que los musulmanes estaban haciendo bien y los cristianos mal? ¿Por qué había retirado Cristo su mano protectora? ¿Había algo que había enojado a Dios? Todos reflexionaron sobre esas preguntas, y el emperador logró identificar una sola cosa que podía causar tal destrucción.

En realidad, había un mandamiento divino que los musulmanes seguían a fondo y los cristianos no. La adoración de los íconos se parecía cada vez más a la veneración pagana de los ídolos. Tan pronto como tuvo la idea, León III estaba seguro de que el imperio estaba siendo castigado por el pecado de la idolatría y estaba decidido a hacer lo que fuera necesario para que el pecado y el castigo cesaran de inmediato. En 725, en Santa Sofía, dio un sermón que cambió la historia. Afirmó que los musulmanes conquistaron las tierras baldías gracias a su estricta prohibición de todas las imágenes. Los bizantinos, por otro lado, eran culpables de herejía. Luego ordenó que se destruyera el magnífico ícono dorado de Cristo que estaba colocado en la puerta principal del Gran Palacio, justo encima de los mosaicos que celebran las victorias de Justiniano y Belisario. Era solo el principio.

El derribo del ícono de Cristo provocó indignación pública, y un grupo de mujeres linchó al oficial a cargo. Disturbios ocasionales no pudieron detener al emperador, que gozaba de gran autoridad en el ejército, gracias a sus numerosas victorias. Pero el Papa en occidente, así como Europa occidental en su totalidad, se molestó por tales acciones del emperador oriental. No queriendo renunciar a su herencia artística y sin darse cuenta de las profundas razones detrás de todo esto (la Europa occidental medieval estaba protegida detrás del escudo bizantino y felizmente ignoraba el peligro de la expansión árabe), el Papa condenó las acciones del emperador que interfería con las enseñanzas de la iglesia. León ordenó el arresto del Papa, y el Papa excomulgó a todos los que se atrevieron a destruir un ícono. Esto llevó a la alienación más profunda entre los cristianos en la historia hasta ese momento.

En el este, innumerables imágenes fueron confiscadas y destruidas, y los mosaicos que decoraban las paredes de las iglesias estaban cubiertos de colores sólidos. Muchas imágenes encontraron su camino hacia el oeste. Los monjes abandonaban los monasterios, llevándose consigo sus íconos. El emperador, sin embargo, era imparable. León III estaba ganando una batalla tras otra, y en 740 expulsó completamente a las fuerzas musulmanas, demostrando que su iconoclasia (la destrucción de los íconos) había ayudado a los bizantinos. Una pesadilla terminó y al año siguiente el emperador victorioso murió pacíficamente en su cama.

Constantino V

La situación estaba lejos de resolverse cuando el hijo de León llegó al trono. Muchos esperaban que detuviera la espantosa práctica de destruir los preciosos artefactos. Sin embargo, este emperador fue criado con una intolerancia a la idolatría, y pronto se convirtió en el iconoclasta más agresivo que castigó y humilló a los monjes e incluso a los patriarcas que intentaron resistirle, confiscó la propiedad de los monasterios más poderosos, monjes y monjas expulsados, y alojaron sus tropas en sus logias.

Constantino V tuvo una educación teológica impresionante y pudo defender sus creencias, pero todavía necesitaba una legitimación de la iglesia oficial. Así que convocó a un gran consejo, dejó que solo sus partidarios expresaran sus puntos de vista e hizo cumplir un respaldo claro de la iconoclasia. Íconos, reliquias e incluso oraciones a los santos fueron todos proclamados idolatría y prohibidos.

Al igual que su padre, Constantino V era un extraordinario comandante militar y ganó algunas batallas importantes sobre los búlgaros y los musulmanes, y su autoridad era indiscutible. Pero la iconoclasia desgarraba el imperio y, al mismo tiempo, creaba una distancia entre Asia Menor y las comunidades cristianas más grandes de todo el mundo. Debido a su celo, Constantino V había perdido la oportunidad histórica de unir a la cristiandad bajo su gobierno.

Capítulo 7 - La despiadada emperatriz Irene de Atenas

Al final de su gobierno, los logros militares de Constantino habían sido olvidados y la población lo detestaba ampliamente. El emperador iconoclasta se hizo conocido como Copronymo. Le sucedió su hijo, León, un iconoclasta moderado que intentó disminuir la tensión que su padre había creado. Sin embargo, murió demasiado pronto, posiblemente debido a la intervención de su esposa, Irene. Su hijo, Constantino VI, solo tenía diez años y era demasiado joven para el trono. Así que la emperatriz de facto gobernó el imperio.

Irene era solo una huérfana de Atenas hasta que ganó un concurso de belleza de todo el imperio, que Constantino V organizó para elegir una esposa para su hijo.[xxi] Irene fue una elección desastrosa, y pronto se convertiría en una de las gobernantes más insensatas de la historia bizantina.

Como una devota oponente de la iconoclasia, se deshizo cuidadosamente de los iconoclastas que ocupaban cargos importantes, como su marido, el emperador, y los mejores soldados y oficiales del imperio. El ejército imperial estaba tan débil y desmotivado que, cuando los musulmanes vinieron a invadir partes del imperio, los soldados simplemente se unieron a ellos. Irene terminó pagando por la paz.

El fin de la iconoclasia

El objetivo principal de la emperatriz era restaurar los íconos a la veneración. Reunió a los patriarcas de Roma, Jerusalén, Antioquía y Alejandría en la Iglesia de la Santa Sabiduría en Nicea. Los patriarcas condenaron unánimemente la iconoclasia, pero amonestaron a los creyentes a que se apartaran de la adoración.

Pero había una cosa que a Irene le importaba más que los objetivos teológicos: el poder. Debería haber terminado el período de regencia una vez que su hijo cumpliera dieciséis años. Constantino ya tenía veinte años y ella todavía no había dejado de cumplir con sus deberes. Su hijo era débil y fácil de manipular, pero ella no usó la posibilidad de gobernar desde la sombra. Ella tenía que tener el papel principal. Entonces, ella emitió nuevas monedas solo con sus imágenes. Luego emitió un decreto anunciando que, como emperadora mayor (no emperatriz), siempre sería superior a Constantino VI. Cuando algunos generales se opusieron, ella los ejecutó y mandó a su hijo a la cárcel.

Madre e hijo

Como resultado de las acciones escandalosas de la emperatriz, los militares fueron extremadamente débiles y desleales con ella. El Imperio bizantino había sufrido terribles pérdidas contra los búlgaros, los árabes y los francos. Luego los soldados se rebelaron y las masas inundaron las calles de Constantinopla, exigiendo que Irene renunciara. Constantino VI fue liberado de su celda y subido al trono, mientras su madre estaba bajo arresto domiciliario.

Irónicamente, Constantino era incompetente, poco ambicioso y ciertamente no era el tipo de gobernante que la gente había esperado. Pronto se mereció la etiqueta de un cobarde y devolvió a su madre al trono. Cuando se descubrió un complot contra ambos, Constantino demostró ser igualmente despiadado. Luego, en 797, cuando murió el hijo del emperador, Irene aprovechó la oportunidad para dar el golpe final. Constantino fue cegado y asesinado. Pero su declive también había comenzado. A pesar de que ella era la única gobernante, su ejército era inútil y el tesoro estaba vacío.

Mientras tanto en roma

El papa León III tuvo orígenes humildes, y para finales del siglo VIII, la hostilidad entre él y la aristocracia romana se hizo tan intensa que, un día, una pandilla le tendió una emboscada al Papa con la intención de cegarlo y arrancarle la lengua. El pontífice escapó milagrosamente al rey de los francos. Sus enemigos lo culparon de varias acusaciones, pero el único que tenía la autoridad para presidir tal juicio era el emperador del Imperio romano. En ese momento, el emperador a cargo en Constantinopla era Irene.

El hecho de que el emperador fuera una mujer molestaba más al papa que a su pasado inmoral. Necesitaba un tipo diferente de emperador, y se le ocurrió un plan astuto para tomar el poder del este y dárselo a sus aliados, los francos. Carlos el Grande, también conocido como Carlomagno, parecía perfecto. Ya una figura gloriosa, apareció en Roma para declarar en nombre del Papa. Luego, durante una misa de Navidad, León declaró a Carlomagno el Sacro Emperador Romano.

El Papa León actuó como si tuviera la autoridad de dar y tomar la verdadera corona del Imperio romano. Fue un movimiento audaz, y él necesitaba algún tipo de prueba. Así, creó la falsificación más infame de la Edad Media. Elaboró un documento llamado "La donación de Constantino", que establecía que el Emperador Constantino le había dado al Papa Silvestre (quien, según el documento, había curado milagrosamente a Constantino de la lepra) la autoridad sobre el Imperio occidental. Pasaron seiscientos años hasta que la falsificación fuera revelada, pero en ese momento de la historia, parecía completamente auténtico.

La gente de Constantinopla se sorprendió con la noticia de que un bárbaro analfabeto recibiera el título de Emperador Romano. El siguiente paso desde el oeste fue la oferta para que Irene se casara con Carlomagno, y ella casi aceptó. Pero esto fue demasiado para la élite oriental. Capturaron y desterraron a la emperatriz y proclamaron al ministro de finanzas como emperador. Irene murió el siguiente año en el exilio en Lesbos.

Capítulo 8 - Pequeños pasos hacia adelante: Teófilo y Miguel el Beodo

El imperio había cambiado mucho a principios del siglo IX. Los búlgaros, facultados por un gran caudillo llamado Krum, mataron a un emperador bizantino, derrocaron a otro y causaron grandes daños al ejército, la población y la tierra bizantinos. Los nuevos emperadores recurrieron nuevamente a la iconoclasia y comenzaron a quemar obras de arte, pero eso no ayudó. Carecían de los poderosos ejércitos de Constantino V y su padre.

La situación mejoró muy lentamente. En el siglo IX, el imperio se redujo a Asia Menor, Grecia y Tracia, pero la situación allí era estable. Independientemente de quién fuera el emperador actual, el gobierno era más pequeño y más eficiente. Se encontraron nuevas minas de oro, lo que resultó en una tesorería completa.

El Renacimiento cultural bajo Teófilo

Las mayores mejoras surgieron en el ámbito de la educación. El interés público en la alfabetización se estaba extendiendo y numerosas escuelas privadas estaban abiertas. A mediados del siglo noveno, Teófilo abrió la scriptoria pública y comenzó a pagar a los maestros a través de todo el imperio. La Universidad de

Constantinopla recibió dos nuevas facultades. Una vez más, la ciudad fue la capital cultural de Europa.

A diferencia de cualquier otro emperador en la época medieval, Teófilo era sorprendentemente accesible. En una ocasión, incluso participó en las carreras de carros y sorprendió a los espectadores con su habilidad.

Este emperador también tenía el hábito de caminar disfrazado por las calles de Constantinopla, y una vez a la semana iba a diferentes ciudades y hablaba con la gente, animando a cualquiera a buscarlo y compartiendo justicia.

Finalmente, Teófilo comenzó los proyectos más ambiciosos desde la era de Justiniano, renovó edificios públicos, construyó nuevos y dio a la capital una apariencia nueva y lujosa.

Los nuevos cristianos

La gente eslovena que se estableció en los Balcanes no era particularmente agresiva y podía enriquecerse culturalmente. El papa se dio cuenta de esto primero y envió misioneros para convertirlos. El patriarca Fotio envió a dos de sus hombres, los monjes Cirilo y Metodio. A pesar de que los misioneros occidentales eran los primeros, insistían en que el latín era el único idioma utilizado en los servicios. A los eslovenos no les gustó la idea, y no se hicieron más progresos en esa dirección. Los monjes bizantinos tomaron un camino diferente y aprendieron eslavo. El idioma no tenía alfabeto escrito, por lo que le proporcionaron uno. Bulgaria y otros estados balcánicos entraron pronto en la órbita cultural bizantina a la que aún pertenecen. Los lazos entre los estados del este se fortalecieron en Constantinopla, pero la hostilidad entre los dos mares cristianos, la antigua y la nueva Roma, solo creció.

Recuperación militar bajo Miguel el Beodo (y su tío)

Los emperadores bizantinos del siglo noveno eran en su mayoría incompetentes militarmente. Miguel el boada no fue una excepción, y su apodo fue bien merecido. Sin embargo, bajo su gobierno, un general visionario (que resultó ser el tío de Miguel) llamado Bardas ganó algunas batallas importantes contra los ejércitos musulmanes, invadió Egipto y devastó los ejércitos de los emires de Mesopotamia y Armenia cuando intentaron invadir el territorio bizantino.

Bardas estaba efectivamente gobernando el imperio hasta que Miguel decidió darle a otro hombre, un ex campesino llamado Basilio el macedonio (que, de hecho, era armenio y no tenía conexiones con Macedonia) demasiado poder. Bardas sabía lo que se avecinaba, pero no podía convencer a su tonto sobrino de que fuera más cuidadoso. Basilio mató a Bardas personalmente, se convirtió en el co-emperador de Miguel, y luego mató al boada también.

Capítulo 9 - Una nueva era dorada: Basilio el macedonio y su dinastía

El pasado de Basilio ciertamente no era impecable, y los futuros miembros de su dinastía (que duró casi doscientos años) se sentían incómodos con la forma en que se apoderó del trono. Por otra parte, para los estándares orientales, él era incómodamente maleducado,[xxii] pero eso no le impidió gobernar de manera efectiva. Era consciente de la posibilidad de recuperar el imperio, que ahora era más pequeño y más fácil de defender.

El emperador invirtió cantidades considerables en la reconstrucción de la flota bizantina, consciente de que los musulmanes no eran tan poderosos como lo eran hacía solo un siglo. La marina, dirigida por el almirante Nicetas Oöryphas, demostró rápidamente su valía. En una breve acción, los bizantinos se libraron de los piratas que atacaron el Golfo de Corinto. Había llegado el momento de una gran ofensiva. La marina atacó los territorios musulmanes y, en 876, vastos territorios, incluidos Chipre, Mesopotamia del norte, Dalmacia y Lombardía.

El siguiente paso para devolver la gloria del imperio involucró los proyectos de construcción. Albahaca restauró iglesias antiguas, las adornó con suntuosos mosaicos y renovó monumentos públicos. Luego construyó una iglesia tan impresionante como la de Santa Sofía. La iconoclasia había terminado hacía mucho tiempo, y la nueva iglesia estaba llena de decoración. Basilio estaba tan absorto en completar esta iglesia que sacrificó a Syracuse para terminarla. Necesitaba que la marina transportara mármol, y simplemente se negó a enviarlo a Sicilia.

Un nuevo renacimiento cultural comenzó principalmente gracias al patriarca Focio, que hizo popular a la literatura clásica griega y romana después de tantos años. El despertar intelectual se extendió a lo largo de Bizancio, y el emperador inició la traducción del códice de la ley de Justiniano, originalmente escrito en latín, al griego. El proyecto no se finalizó durante el reinado de Basilio debido a un contratiempo inesperado. El hijo mayor y favorito del emperador, Constantino, murió inesperadamente y dejó al padre deprimido por el resto de su vida.

El hijo del Beodo, León VI el sabio

El siguiente en la fila para el trono fue su segundo hijo, León VI, que probablemente no era el hijo de Basilio. Basilio se había casado con una amante de Miguel el Beodo, y ya estaba embarazada de este hijo, que ya tenía 15 años. Los siguientes dos años se caracterizaron por el antagonismo entre el padre (oficial) y el hijo. León había sido golpeado y puesto en prisión, y luego liberado con la ayuda del padre de su novia, Zöe. Parece que el padre de Zöe ayudó a su futuro yerno a deshacerse de su "padre" y tomar el trono. Basilio perdió el trono casi de la misma manera en que lo había tomado: con mucha sangre derramada.

La primera acción de León como emperador fue exhumar a Miguel el beodo y enterrarlo en la Iglesia de los Santos Apóstoles. Ahora que había vengado a su verdadero padre y resuelto su asunto privado, se enfocó en la política. Inteligente y muy bien educado,

León VI estaba completamente preparado para el papel de emperador bizantino. La literatura y la arquitectura florecieron, y se completó la traducción del derecho romano. El período de paz y prosperidad que permitió estas actividades no sucedió de repente; todo fue gracias a León. Tuvo la brillante idea de nombrar a su hermano menor, Estevan, como patriarca. Ahora el emperador controlaba tanto el estado como la iglesia, y los dos trabajaron en perfecta armonía.

León el Sabio, como todos empezaron a llamarlo, era un gran emperador, excepto por el hecho de que no era un gran luchador. En realidad, nunca dirigió a su ejército en una batalla, y su política exterior no fue tan impresionante como sus esfuerzos domésticos. Una nueva hostilidad entre los bizantinos y los búlgaros surgió cuando el nuevo Khan intentó restaurar el paganismo. Afortunadamente, el propio padre del Khan, que se había retirado previamente a un monasterio, se deshizo de él y puso a su hermano menor, Simeón, en el trono. Simeón era un cristiano que pasó su juventud en Constantinopla, pero la hostilidad no se detuvo hasta que el emperador tomó algunas medidas no tácticas. León entonces empleó a los magiares del este para enseñar una lección a los búlgaros. Simeón, a su vez, llamó a los pechenegos y se deshizo de los magiares. La situación fue más estable en otros frentes, gracias a la impresionante flota y los generales capaces en el este. Pero algo más estaba sucediendo en la capital, y fue más interesante (si no más importante) que todas las batallas que se llevaban a cabo en ese momento.

La vida amorosa de un emperador: León y las dos Zoes

Basilio no había permitido que León se casara con su amada amante, Zoe, y lo obligó a casarse con otra mujer, que ahora era su emperatriz, pero solo por un corto tiempo. La pareja no tuvo hijos, y ella murió poco después. El emperador finalmente fue libre de casarse con el amor de su vida y tener hijos con ella, pero el primer niño resultó ser una niña, y no había posibilidad de que Zoe alguna vez diera a luz a otro niño porque murió de fiebre poco después de que la niña naciera.

León estaba decidido a engendrar un heredero y quería volver a casarse, pero la Iglesia Oriental prohibía los terceros matrimonios. Se necesitó mucha paciencia, diplomacia y chantajes para persuadir al nuevo patriarca de que se le permitiera volver a casarse, esta vez con Eudocia. Su nueva emperatriz dio a luz a un niño e inmediatamente murió. El bebé, lamentablemente, también murió pocos días después. Y parecía que no había forma de que León asegurara una bendición para un cuarto matrimonio. El patriarca le informó que un cuarto matrimonio sería peor que un asunto extramatrimonial, algo que León interpretó literalmente y entonces encontró una amante hermosa, llamada Zoe Carbonopsina ("de los ojos de color negro carbón"). Irónicamente, la pareja tuvo un hijo poco después, a quien llamaron Constantino VII.

El patriarca se negó a bautizar y legitimar al niño y a este matrimonio, y le pidió a León que renunciara a Zoe, cosa que no estaba dispuesto a hacer. El emperador luego se dirigió al Papa occidental, quien le dio su apoyo. León arrestó al patriarca Nicolás por traición y lo reemplazó con otro. Finalmente, hizo a su hijo su legítimo heredero del Imperio bizantino y, un par de años más tarde, murió.

Todos los gobernantes regentes del joven emperador Constantino VII

Constantino, de seis años, se quedó con un regente hostil, su malvado tío Alejandro III, quien inmediatamente expulsó a Zoe del palacio. Además, el niño estaba gravemente enfermo y fue un milagro que sobreviviera. Al parecer, Alexander pretendía castrarlo para evitar que tomara el poder, pero gracias a su dinámico estilo de vida, el malintencionado regente murió pronto por agotamiento.

El siguiente regente fue el patriarca Nicolás, a quien Alexander había restaurado previamente el poder. Prometió sin seriedad al gobernante búlgaro Simeón que el joven emperador se casaría con su hija, y terminó casi linchado cuando la gente se enteró de su escandaloso plan.

Anteriormente exiliada, Zoe Carbonopsina regresó al palacio y comenzó a actuar como regente para su hijo. Al negarse a cumplir la promesa que el patriarca Nicolás había dado a los búlgaros, ella entró en la guerra. Se desató un problema cuando un almirante bizantino llamado Romano Lecapeno se negó a transportar a los pechenegos, a quienes Zoe contrató para invadir Bulgaria, y dejó al ejército bizantino a merced de los búlgaros, quienes por supuesto aprovecharon la oportunidad y diezmaron a los soldados abandonados. La credibilidad de Zoe se destruyó irreparablemente, y decidió casarse con León Focas, un patricio y comandante exitoso que ganó algunas grandes batallas en la costa del Mar Negro.

Constantino VII tenía trece años en ese momento, y existía el peligro de que el nuevo marido de la emperatriz lo eliminara, por lo que sus partidarios se acercaron al inmaculado almirante Romano Lecapeno. Aceptó proteger al joven emperador, se convirtió en el jefe de la guardia imperial, e hizo que el joven Constantino se casara con su hija. Posteriormente, tomó todo el poder y se convirtió en el mayor emperador. Sin embargo, Romano I Lecapeno no era cruel por naturaleza y nunca lastimaría físicamente a Constantino, pero promovió a sus hijos Christopher, Esteban y Constantino como sus co-emperadores y les dio una ventaja sobre Constantino VII. Romano I terminó victoriosamente la guerra con Bulgaria y fue responsable de las grandes conquistas de Juan Curcuas en el este.

De repente, el hijo mayor de Romano, Christopher, que estaba destinado al trono, murió. Sus hermanos menores, Esteban y Constantino, fueron malcriados, corruptos y crueles, y Romano comenzó a sentirse culpable por haber usurpado el trono. A su edad avanzada, revocó sus decisiones anteriores y convirtió a Constantino VII en su heredero exclusivo. Los hijos, indignados, capturaron a su padre y lo enviaron a un monasterio lejano. Pero la gente de Constantinopla no quería a ninguno de ellos en el trono. Por fin había llegado el momento de que Constantino VII gobernara por derecho propio.

Constantino VII "el nacido en la púrpura"

Mientras Constantino era fuertemente ignorado en el palacio, la población bizantina lo amaba y sentía la injusticia cometida contra él. Él era, después de todo, un "nacido en púrpura", un verdadero hijo de Macedonia, y los Lecapeno eran simplemente usurpadores. Cuando llegó la noticia de que la vida de Constantino estaba en peligro, la multitud enojada obligó a los despreciables hermanos Lecapeno a reconocerlo como el principal emperador.

Constantino VII[xxiii]

Constantino ya tenía treinta y nueve años y fue más decidido de lo que nadie esperaba. Envió a los hermanos Lecapeno al exilio y luego continuó la política que Romano lideró notablemente bien. La única diferencia fue que reemplazó a algunos hombres en la parte superior del ejército, favoreciendo a la familia Focas, que estaba en desacuerdo con los Lecapeno. Un general fantástico, Nicéforo Focas, junto con su sobrino, Juan Tzimisces, emergió victorioso contra el emir de Siria, conquistó ciudades en el río Éufrates y se acercó a Antioquía. Nicéforo pronto sería conocido como la "muerte pálida de los sarracenos", y las fuerzas musulmanas abandonaron el campo cuando se enteraron de que estaba en camino.

El Imperio bizantino volvió a ser poderoso. A pesar de que el ejército estaba ocupado en la frontera con Siria, todavía tenía la capacidad de aplastar a los magiares, quienes con optimismo intentaron invadir Tracia. Pero el poder cultural de Constantinopla creció aún más. Los miembros de las élites reales europeas fueron a menudo invitados de Constantino VII, que nunca dejó de impresionarlos. El elocuente y carismático emperador dejó una impresión tan poderosa en la princesa regente rusa, Olga, que rápidamente decidió convertirse a sí misma, y posteriormente a su gente, al cristianismo.

Constantino murió de fiebre y el poder pasó a su hijo, Romano II.

Romano II y Teófano

A diferencia de su padre, Romano II nació y se crio con derecho. Nunca le faltó nada y su padre cumplió todos sus deseos. El problema era que el joven Romano quería casarse con Teófano, una mujer de origen modesto y, como veremos, no tan modesta ambición. El matrimonio fue completamente inapropiado, pero Constantino no quiso estropear la felicidad de su hijo, y la pareja se casó felizmente y tuvo un hijo, a quien llamaron Basilio II.

Romano II encontraba la administración bastante aburrida y pasaba sus días cazando. Aunque estaba bajo la gran influencia de su esposa, las personas que efectivamente lideraban el imperio eran dos hombres. Uno de ellos fue el chambelán José Bringas, un eunuco que logró mejorar aún más la Universidad de Constantinopla, las artes y la economía del imperio. El segundo hombre fue Nicéforo Focas, quien continuó ganando batalla tras batalla y expulsó a los piratas árabes de Creta. Su hermano, León Focas, y su sobrino, Juan Tzimisces, conquistaron Siria y Mesopotamia, aplastando cincuenta y cinco fortalezas en el camino, y entraron en Alepo.[xxiv] Cuando regresaron, oyeron que Romano II (con veintidós años en ese momento) estaba muerto. Según los rumores, fue envenenado por su esposa, Teófano. La verdad fue que se lesionó gravemente mientras cazaba, pero esto seguía siendo un secreto porque la caza estaba prohibida durante el ayuno de Cuaresma. La situación era tensa, e iba a empeorar.

Capítulo 10 - El cambio en la casa de Macedonia: Nicéforo Focas y su sobrino

No importaba lo ambiciosa que fuera la emperatriz Teófano y el poco afecto que sentía por su marido, probablemente nunca pensó realmente en matarlo. Ahora que él se había ido, su posición era desesperada. Su hijo, Basilio, todavía era un niño pequeño, lo que los hacía extremadamente vulnerables. Se necesitaba una figura fuerte para proteger al emperador menor de edad, y su madre llamó a Nicéforo Focas, el comandante de guerra bizantino más brillante desde Belisario. El mayor opositor de esta idea fue el chambelán José Bringas, quien rápidamente utilizó la influencia que aún tenía y emitió un decreto que prohibía al general ir a la ciudad. Sin embargo, las puertas cerradas de la ciudad no pudieron impedir la entrada de Nicéforo. Era muy popular, y la multitud pronto exigió que se le permitiera a Nicéforo entrar en Constantinopla.

Cuando otros planes fracasaron, José le escribió a Juan Tzimisces, el sobrino de Nicéforo, y le ofreció la corona imperial. Tzimisces, sin embargo, mostró la carta a su tío, quien fue proclamado emperador por sus soldados al día siguiente. El chambelán continuó con medidas desesperadas, encarceló a todos los miembros de la familia

Focas y eliminó todos los barcos, transbordadores y otras embarcaciones que podían transportar a cualquiera a Constantinopla. Pero era cuestión de tiempo que la multitud estallara, y en poco tiempo sucedió. El chambelán perdió el control de la ciudad, Nicéforo entró y los patriarcas lo coronaron al instante.

El emperador Nicéforo y Teófano

Un líder natural con una vasta experiencia militar y numerosas victorias, Nicéforo estaba más que calificado para gobernar Bizancio. Pero era muy diferente de los hombres cultivados que hasta hace muy poco se sentaban en el trono imperial. Nicéforo era grosero, solía dar órdenes, tenía mal genio y era propenso a insultar a cualquiera que lo molestara.

La empobrecida viuda Teófano lo recibió calurosamente como el protector de su hijo. Tenía más de cincuenta años, y ella veintidós. Él era un soldado guapo, y ella era encantadora. En un mes, él le propuso casarse con ella, lo cual ella aceptó gustosamente. Pero la vida siguió avanzando, y pronto estuvo de nuevo en una campaña.

Expansión imperial bajo Nicéforo

El sobrino de Nicéforo, Juan Tzimisces, ya estaba en Siria cuando el emperador se unió a él. Juntos conquistaron Alepo y Cilicia y redujeron lo que solía ser un poderoso emirato a un estado vasallo.

El emperador era verdaderamente bueno luchando contra los musulmanes en el este, pero su falta de tacto resultó desastrosa en el oeste. En una ocasión, los representantes del emperador alemán Otto I cometieron un error y se dirigieron a Nicéforo como rey de los griegos. Se enojó tanto que los arrojó a un calabozo, lo cual casi dio lugar a una guerra contra los dos imperios. El peor incidente ocurrió cuando un embajador búlgaro vino a solicitar su pequeño homenaje regular (que, de hecho, era una cantidad fija utilizada para cubrir el costo de una princesa bizantina en la corte búlgara, lo que le permitió vivir de una manera apropiada para ella). Nicéforo se enfureció y le preguntó con incredulidad si creían que era un esclavo. Luego les dijo que vendría en persona para pagar el tributo que merecían.

Nicéforo pagó a los rusos para que atacaran a Bulgaria por él, y lo hicieron con facilidad. Pero luego los rusos, liderados por el Príncipe Svyatoslav, simplemente reemplazaron a los búlgaros, y fueron mucho más agresivos que los antiguos vecinos de Bizancio.

En los dos años siguientes, regresaría a las fronteras orientales para reconquistar Armenia y Antioquía, pero tenía algunos problemas internos no resueltos que le impedirían continuar y retomar Jerusalén.

La montaña sagrada

Nicéforo creía que los soldados que murieron resistiéndose a las fuerzas del islam debían ser respetados como mártires. El patriarca rechazó firmemente esa posibilidad y rechazó la noción de "guerreros sagrados" (en el oeste, como veremos, esta idea fue aceptada y así es exactamente cómo comenzaron las Cruzadas).

Sin embargo, esto no fue lo único que molestó al emperador. Marchaba constantemente por las tierras bizantinas y era plenamente consciente del materialismo prevaleciente. La iglesia poseía tierras ilimitadas. Las casas monásticas eran lujosas, llenas de oro y frescos invaluables, y rodeadas de viñedos fructíferos. Al mismo tiempo, la iglesia no pagaba ningún impuesto. Todo esto le parecía injusto al emperador Nicéforo Focas, quien decidió ponerle fin mediante la publicación de varios decretos que prohibían la donación de tierras a la iglesia corrupta.

El emperador pensaba que los monjes debían vivir en monasterios simples, lejos del ruido urbano. Para demostrar su idea, Nicéforo envió a su amigo cercano, el monje Atanasio, a Grecia para establecer un monasterio en las colinas del Monte Athos. Luego hizo que la nueva comunidad monástica (que todavía existe hoy y lleva la bandera bizantina) sea autónoma del patriarca, responsable directamente al trono.

Decadencia y muerte

A pesar de todos sus triunfos, el emperador se volvió impopular en Constantinopla. La iglesia ya no era su aliada, y todos los demás estaban furiosos por unos impuestos que cada vez eran mayores. Además, había un rumor de que su hermano estaba tratando de matar a los jóvenes príncipes, Basilio y Constantino, pero Nicéforo no tomó medidas contra León.

Una profecía anunció que Nicéforo sería asesinado en su palacio de la mano de uno de sus propios ciudadanos, por lo que erigió un enorme muro que separaba el Gran Palacio del resto de la ciudad. La gente lo detestaba, y él aprovechó cada oportunidad para dejar Constantinopla y encontrar su paz en el verdadero campo de batalla.

Mientras tanto, Teófano se había enamorado de Juan Tzimisces, el sobrino del emperador. El joven general no estaba a favor del emperador, y los dos amantes arreglaron el asesinato. Nicéforo fue brutalmente humillado y asesinado durante la noche por los asesinos escondidos en la mitad de la emperatriz del palacio. Al día siguiente, Juan Tzimisces fue aclamado como emperador romano. Teófano no tuvo tanta suerte. El patriarca le ordenó a Tzimisces que se deshiciera de ella si quería ser coronado, y no se opuso.

El emperador Juan I Tzimisces

Juan Tzimisces era a la vez un glorioso comandante de guerra y un hombre agradable y bien educado, el ideal de un verdadero estadista. Su primera acción como el emperador fue deshacerse de cualquier resistencia en Constantinopla y una vez que se hubo resuelto, fue a los Balcanes. La situación allí era bastante desordenada, a causa de los fracasos diplomáticos de Nicéforo. Los rusos afirmaban abiertamente que invadirían el territorio bizantino. Entonces, el nuevo emperador lideró a cuarenta mil soldados, aplastó las defensas de los rusos y liberó al rey de los búlgaros. Una batalla más y todo habría terminado. El príncipe de Kiev salió de Bulgaria con solo un puñado de hombres; todos los demás estaban muertos.

Juan se alió con Bulgaria y siguió adelante. Los fatimíes de Egipto amenazaban el territorio bizantino en Siria. Ya derrotaron a un ejército imperial más pequeño e invadieron Antioquía, y ahora había llegado el momento de que el imperio respondiera, y fue una de las campañas militares más notables en la historia del Imperio bizantino. Juan I Tzimisces comenzó desde el norte, conquistó Mosul, persiguió a los musulmanes por la costa del Mediterráneo y tomó todas las ciudades de Siria y Palestina en el camino: Baalbek, Beirut, Damasco, Tiberíades, Acre, Cesarea, Trípoli. Entró en Nazaret, la ciudad natal de Jesucristo, pero al igual que Nicéforo, pospuso la liberación de Jerusalén.

El Imperio bizantino era ahora más poderoso de lo que había sido en siglos. Todos los enemigos fueron devastados, y el emperador estaba contento. Pero cuando intentó investigar el origen de las vastas propiedades en posesión de los aristócratas, su chambelán, Basilio Lecapeno, lo envenenó. En un par de días, el gran conquistador estaba muerto.

Capítulo 11 - Basilio II, el asesino de búlgaros

El hijo de Romano II y Teófano, Basilio II, había estado creciendo mientras Nicéforo Focas y Juan Tzimisces estaban a cargo del imperio. Ahora que ambos estaban muertos y él era un adulto, podía legítimamente tomar el trono, pero había algunos obstáculos. El primero fue el jefe de cámara, Basilio Lecapeno, quien era demasiado poderoso y tampoco estaba dispuesto a entregar el poder. El segundo problema fue la idea de que, en la larga historia de la dinastía de Macedonia, los gobernantes más competentes eran los generales y no los que habían crecido en el palacio.

Un general llamado Bardas Skleros afirmó que él mismo era una mejor opción para el trono, comenzó una rebelión y fue rápidamente aclamado como emperador por las masas. En pánico, Basilio Lecapeno envió al exiliado general Bardas Focas, quien también quería tomar el trono, pero era el único que podía luchar contra Skleros. Los dos ejércitos lucharon durante tres años, ganó Focas y regresaron para luchar contra los sarracenos.

El ascenso del emperador legítimo

Cerca del final del siglo X, Basilio Lecapeno estaba complacido por la forma en que logró deshacerse de los dos generales poderosos. Su posición era perfecta: tenía todo el poder, manteniendo al emperador incompetente y poco ambicioso como una máscara de sus actos, excepto que el emperador no era ni incompetente ni poco ambicioso. Basilio II golpeó al chambelán de la nada y lo arrestaron por conspirar contra el emperador. Las tierras de Lecapeno y su riqueza fueron finalmente confiscadas. Basilio II tenía veinticinco años y estaba listo para gobernar el imperio.

Sin embargo, la primera expedición militar del nuevo emperador resultó ser desastrosa. Fue a luchar contra los búlgaros, que mientras tanto se consolidaron bajo el mando del zar Samuel. El ejército bizantino quedó atrapado en una emboscada. El emperador huyó del campo, pero la mayor parte de su ejército, así como su reputación, fueron destruidos.

Entonces, tanto Bardas Skleros como Bardas Focas decidieron intentar tomar el trono. Incluso se unieron contra el emperador, pero Focas casi inmediatamente dispuso que arrestaran a Skleros, y él continuó solo.

La alianza con los rusos

El emperador en Constantinopla sabía que tenía un problema. Los búlgaros estaban invadiendo agresivamente la península balcánica, y él necesitaba desesperadamente un ejército, pero no uno dirigido por Focas. Así que se acercó al príncipe ruso Vladimir, le dio a su hermana como esposa y recibió a un poderoso aliado y la Guardia Varangiana, un ejército de enormes y terroríficos soldados que lo ayudaron a lidiar con Bardas Focas primero, luego con el ejército fatimí en Trípoli, y finalmente con los búlgaros.

A salvo con su Guardia Varangiana, Basilio II decidió lidiar con la nobleza, obligando a los aristócratas a devolver la tierra que habían tomado durante las últimas décadas. Además de eso, emitió un decreto que ordenaba que, si un agricultor no podía pagar sus impuestos, su vecino rico estaba obligado a pagar por él.

El asesino de búlgaros

Basilio, el asesino búlgaro, se ganó su apodo cuando, después de la batalla final contra el zar Samuel, ordenó que todos los prisioneros fueran cegados, dejando los ojos esparcidos, para que pudieran encontrar el camino a casa. Ahora, por primera vez desde que llegaron las tribus eslavas, toda la península balcánica estaba bajo el control bizantino. El imperio se duplicó en tamaño durante su reinado, y se hizo más fuerte. Basilio II sabía lo importante que era gobernar nuevos territorios adecuadamente. El buen gobierno ciertamente disminuyó la tensión, pero Basilio usó algunos medios nuevos para alcanzar sus metas.

En 1012, el califa fatimí ordenó la destrucción de todas las iglesias en su territorio. Basilio II no se precipitó a una batalla. Reaccionó con una medida económica y prohibió todo comercio con los fatimíes. Cuando tenía que pelear, lo hacía con gusto, y siempre ganaba. El imperio ahora se extendía desde el Danubio hasta el Éufrates. El reinado de sesenta y cuatro años de Basilio fue el más exitoso en la historia bizantina. Murió de vejez mientras planeaba una campaña. Desafortunadamente, no tenía un heredero, un hecho que siempre empujaba a los imperios a la crisis.

Capítulo 12 - Alejo Comneno

El período que vino después de la muerte de Basilio II fue uno de constante declive. Las mediocridades llegaron al trono una tras otra, la economía se debilitó y el ejército confió completamente en los mercenarios. Luego, en 1054, la iglesia cristiana se dividió por la mitad. La Iglesia católica latina ("universal") fue mantenida por el Papa y la ortodoxa griega ("verdadera") fue manejada por el patriarca. La brecha era profunda, y las consecuencias aún no se habían sentido.

Otro revés surgió en el siglo XI cuando los agresivos turcos seljuk comenzaron a invadir el territorio imperial. Un evento que mejor ilustra la mala salud del imperio tuvo lugar en 1071. El ejército bizantino, liderado por el emperador romano Diógenes, logró hacer retroceder a los Seljuks a través del Éufrates. Los aristócratas no estaban contentos con eso. Un emperador fuerte podría limitar fácilmente sus privilegios, y no querían que eso sucediera. Así que lo traicionaron en el momento decisivo, sacrificando a los mejores soldados bizantinos junto con el emperador. Era el signo más obvio de un declive casi irreparable.

La lucha por el poder entre los ambiciosos aristócratas duró diez años, durante los cuales muchos emergieron y cayeron, causando la prolongación de la guerra civil. Una nueva esperanza surgió en 1081 cuando el general Alejo Comneno fue coronado.

Un inicio fallido

La familia Comneno siempre había estado en desacuerdo con la dinastía macedonia, y Alejo, quien se apoderó del trono al matar a su predecesor, parecía otro usurpador. Inmediatamente después de su victoria, los mercenarios del ejército que había empleado comenzaron a robar a Constantinopla. Fue la primera mala señal. La segunda fue la invasión de los normandos, que ahora estaban terriblemente cerca del puerto de Dalmacia, que ofrece acceso directo a Via Egnatia y a la capital bizantina.

El ejército de Alejo consistía en la Guardia Varangiana y varios mercenarios. Los varangianos lucharon con valentía y eficacia contra los normandos, pero los mercenarios turcos los traicionaron. La mayoría del ejército bizantino fue masacrado.

Formas alternativas

La próxima vez que Alejo tuvo que encontrarse con los normandos, eligió el camino de la diplomacia. El emperador alemán Enrique IV, agradecido por el oro que había recibido del emperador bizantino, aceptó atacar al enemigo común, el comandante normando Guiscardo. Los alemanes invadieron Italia y el Papa se vio obligado a rogar al jefe normando que regresara de inmediato. Entonces Alejo redujo los aranceles venecianos. Las fuerzas normandas dependían de los mercaderes venecianos, y ahora se quedaban sin provisiones.

La amenaza normanda disminuyó y el enemigo musulmán fue dividido e ineficiente, pero los turcos seljuk eran peligrosos y Alejo no tenía un ejército adecuado. Necesitaba apoyo, y se le ocurrió una idea.

La primera cruzada

En 1095, Alejo le escribió al Papa Urbano, informándole de las conquistas turcas, especialmente la de Tierra Santa, y pidiéndole que enviara apoyo a los demás cristianos contra los sarracenos. Luego, el Papa pronunció un discurso en Clermont, Francia, declarando que "todos los que marcharon con un corazón puro serían absueltos de sus pecados."[xxv] La multitud respondió con entusiasmo. Caballeros y campesinos de todo tipo de Italia, Francia y Alemania comenzaron a inundar Constantinopla. La Cruzada parecía una marcha hacia la capital bizantina, y no hacia la liberación de Jerusalén, y las personas involucradas respondieron al Papa, no a Alejo. Uno de los caballeros cruzados era el hijo del normando Roberto Guiscardo, de Normandía.

El primer grupo de cruzados consistía en un monje llamado Pedro el Ermitaño, y una multitud de personas aleatorias e indisciplinadas que incendiaron muchas ciudades en el camino a Constantinopla y, erróneamente o no, mataron a gran parte de la población griega en Asia Menor, solo para ser derrotados por los turcos. Los otros grupos eran más serios, pero representaban una amenaza mucho mayor para la atractiva ciudad de Constantinopla que para los turcos. Alejo logró hacer algún tipo de trato con ellos, pero surgieron algunos conflictos extraños en el terreno de Asia Menor.

Cuando los cruzados llegaron a Nicea, la guarnición de la ciudad eligió someterse al comandante bizantino que cerró inmediatamente las puertas para evitar el saqueo de la ciudad, que era predominantemente cristiana.

La Primera Cruzada fue sorprendentemente exitosa. Los cruzados entraron a Jerusalén en 1099 y mataron a casi todos los que encontraron allí. Luego, al contrario del juramento hecho, los caballeros se instalaron como reyes de ciudades incautadas, que deberían haber regresado al Imperio bizantino.

La hostilidad creció, y Alejo tuvo que enfrentarse al príncipe normando Bohemundo, quien asedió la ciudad y el puerto que su padre había tomado hace más de veinte años. Igual que antes, Alejo cortó sus provisiones y, para fin de año, lo hizo rendirse y luego abandonar el este, para no volver jamás.

Manuel I Comnenos

La Segunda Cruzada ocurrió durante el reinado de Manuel Comneno, nieto de Alejo. Se las arregló para someter a los reinos cruzados, hacer que los turcos seljuk aceptaran el estado de vasallo, y anexar a Serbia y Bosnia.

Los cruzados se sorprendieron con el tratado de los bizantinos con los musulmanes, y occidente consideró a los griegos como herejes a los que no les importaba la "guerra santa", y se perdió el punto de que no existe una guerra santa en el pacífico cristianismo ortodoxo.

El occidente estaba creando animosidad contra el Imperio bizantino, pero el emperador oriental se sentía seguro por el momento. Parecía que el imperio se estaba recuperando, pero era simplemente una ilusión que no iba a durar. Después de su muerte, todo comenzó a caer de nuevo.

Capítulo 13 - El colapso y la caída del Imperio romano del este

No había un gran líder para salvar a Bizancio del colapso. Durante el reinado del menor Alejo II Comnenos, los turcos simplemente entraron en Asia Menor, y no había nadie para protegerlo. Al mismo tiempo, Serbia declaró su independencia y los húngaros tomaron Bosnia y Dalmacia. El emperador Andrónico el Terrible era corrupto y cruel con sus súbditos, pero ineficaz en los asuntos exteriores. Su sucesor, Isaac Ángelo no tenía autoridad para gobernar en absoluto.

Durante el reinado de Isaac Ángelo, el sultán kurdo Saladino unió las fuerzas musulmanas y Jerusalén volvió a caer. Se lanzó otra cruzada, e Isaac se mostró totalmente incompetente al enviar a los embajadores alemanes a prisión antes de disculparse con ellos. Tomó una desastrosa decisión tras otra y llegó a la idea de despedir a la armada imperial y dejar que Venecia se ocupara de sus defensas marinas. Esta idea inspiró a su hermano Alejo III a arrojar al emperador a un calabozo junto con su hijo. Él mismo, sin embargo, tampoco era un gran gobernante. Sólo estaba interesado en ayudarse a sí mismo con el dinero para sus fiestas extravagantes.[xxvi]

Entonces se acercó otro ejército cruzado. La tercera cruzada no tuvo éxito, y ahora llegó el momento de la cuarta, dirigida por Federico Barbarroja y Ricardo Corazón de León. Ricardo quería conquistar

Egipto, y necesitaba que las naves venecianas se hicieran cargo de ellos, pero el duque de Venecia se negó a ayudar sin una recompensa escandalosamente alta o ayuda para devolver la ciudad de Zara, que había sido tomada por los húngaros.

La cruzada fatal

En Zara, había un joven fugitivo que se unió a la Cruzada, Alejo IV, el hijo de Isaac II, que había sido sacado de contrabando de la prisión y que había estado esperando la oportunidad de tomar el trono desde entonces. Les prometió a los cruzados enormes sumas y control sobre la iglesia bizantina, si tan solo lo ayudaran a subir al trono. Los guerreros de la Cuarta Cruzada se dirigieron a Constantinopla, y el duque de Venecia les había dicho que los griegos eran herejes.

Alejo III huyó de la ciudad tan pronto como se dio cuenta de lo que estaba sucediendo. Los cruzados liberaron a Isaac de la prisión y ahora esperaban la recompensa prometida. Luego confiscaron todo lo que pudieron encontrar, que era solo la mitad de la suma discutida. Abrieron tumbas para tomar relicarios y arrancaron los adornos de las iglesias y las joyas de las cubiertas de los manuscritos antiguos. Al final, los cruzados quemaron numerosos edificios en toda la ciudad. Las más preciosas iglesias y palacios quemados. Constantinopla nunca había sido conquistada antes, y ahora estaba devastada.

Las consecuencias de la destrucción y una recuperación de corta duración

El papa Inocencio se sorprendió y horrorizó cuando escuchó lo que sucedió. Inmediatamente se dio cuenta de las consecuencias que tendría. Él excomulgó a todos los involucrados, pero el daño nunca se pudo arreglar. A muchos de los cruzados no les importaba en absoluto. Tenían propiedades divididas entre sí, coronaron a un emperador latino y pusieron una prostituta en el trono patriarcal.[xxvii]

Sorprendentemente, la gente en pequeños pueblos y aldeas estaba en buenas condiciones. Los recién llegados al trono no tenían ningún medio para cobrar los impuestos, y ahora todo quedó en manos privadas. La cultura y las artes florecieron, patrocinadas por particulares. Pero los días del poder imperial se habían ido.

Los herederos de los emperadores bizantinos comenzaron a emerger por todo el Mediterráneo, reclamando su derecho al trono. El patriarca coronó a Teodoro Lascaris en Nicea. Luego, el Imperio latino de Constantinopla cayó en manos de los búlgaros, quienes no objetaron que Teodoro Lascaris reconquistara tanto como pudiera. Pero surgió otro enemigo.

En 1242, llegó una espantosa horda mongol. Los mongoles ya habían abrumado a un ejército turco. El sultán seljuk se vio obligado a convertirse en su vasallo. Pero no dañaron a Nicea, donde se encontraban todos los funcionarios bizantinos importantes. A través de diversas actividades diplomáticas, Nicea socavó el Imperio latino. Los cruzados pudieron controlar solo a Constantinopla. No tenían una economía sostenible, y lo único que podían hacer era buscar más reliquias ocultas.

Miguel Paleólogo

En 1259, un nuevo emperador fue coronado en Nicea, un joven general llamado Miguel Paleólogo. Inmediatamente, inició actividades diplomáticas y envió a su emperador más joven, Alejo Estrategopoulos, a observar cuán fuertes eran las fortificaciones de Constantinopla. Con la ayuda de los agricultores locales, Estrategopoulos logró abrir las puertas de la ciudad y, al día siguiente, las fuerzas bizantinas regresaron a su ciudad. Los latinos entraron en pánico y huyeron por todos lados. Como nadie vino a matarlos, todos lograron escapar a salvo.

Miguel Paleólogo nunca había estado en Constantinopla antes. Y entró como vencedor antes de ser coronado en Santa Sofía. Pronto comenzó con trabajos de reparación y rediseñó la bandera del imperio.

El ejército que dirigía era pequeño, pero eficiente, y logró lidiar con todos los enemigos tradicionales, como los búlgaros y los turcos, pero surgió un nuevo enemigo. Carlos de Anjou fue invitado por el Papa Urbano IV para cuidar de Sicilia. Luego, el exiliado emperador latino de Constantinopla, Baldwin II, le ofreció el Peloponeso si lo ayudaba a regresar al trono. Luego, Miguel VIII escribió al Papa para ayudarlo y devolverle la llamada a Anjou. A cambio, sometió la iglesia bizantina oriental a la autoridad del Papa. El patriarca, sin embargo, se negó a ratificar el documento. Más tarde, Michael Paleólogo logró asegurar el apoyo del rey español y abrumar a Carlos de Anjou. Fue uno de los mejores emperadores que Bizancio tuvo durante su etapa final. Los dos últimos siglos estuvieron llenos de emperadores incapaces. Durante ese tiempo, un nuevo enemigo emergió, listo para dar el golpe final al imperio que una vez fue poderoso.

Los otomanos

El equilibrio de poder en el este estaba cambiando rápidamente, y muchas tribus turcas iban para quedarse. Un grupo de turcos llamados gazi (las "espadas de Dios"; más tarde conocidos como los guerreros otomanos) y su líder, Osman, tenían como objetivo capturar Constantinopla. Tomaron ciudad tras ciudad en el Imperio bizantino y rápidamente se acercaron a las murallas de la capital. Mientras tanto, la peste bubónica se extendió por todo el imperio. Cuando un terremoto azotó a Gallipoli un par de años después. Los turcos, creyendo que Dios les había dado una señal, se establecieron en la ciudad. Pronto rodearon Constantinopla, pero aún no podían entrar.

Anticipándose a una catástrofe, el emperador bizantino, Juan V, envió llamamientos de ayuda a todos los reinos e imperios cristianos, escribió una sincera carta al Papa e incluso se convirtió al catolicismo.[xxviii] Sin embargo, fue ignorado en gran medida, y la ayuda del oeste nunca llegó. El único apoyo provino de los Balcanes, donde el Zar Lazar reunió a una coalición de nobles serbios y sus ejércitos y frenó el avance otomano. Sin embargo, en 1389, en la batalla de Kosovo, Lázaro y la mayoría de los otros líderes serbios fueron asesinados. El sultán otomano Murad también fue asesinado por un caballero serbio, Milos Obilic, quien actuó como si fuera a abandonar el ejército serbio la noche antes de la batalla. Milos fue llevado ante el sultán y fue lo suficientemente rápido para matar al líder otomano antes de que sus guardias pudieran reaccionar y separarlo.

Juan V fue sorprendido por la noticia. No había una fuerza sobreviviente para ayudar a Constantinopla, y él estaba dispuesto a sacrificar lo que fuera necesario para salvar a la ciudad de la destrucción. Escribió una carta al nuevo sultán Bayezid, ofreciéndose a convertirse en su vasallo a cambio de que la capital bizantina permaneciera intacta. Ahora los turcos se habían convertido oficialmente en los amos del Imperio cristiano del este.

El nuevo emperador bizantino, el hijo de Juan, Manuel II, mostró más integridad que su padre, pero sus planes pronto se rompieron cuando Bayezid "el Rayo" demostró su poder de nuevo y tomó el título de Sultán de Roma.

Manuel no estaba dispuesto a rendirse. Bayezid comenzó un largo asedio contra Constantinopla, pero durante un breve período de ausencia del sultán, Manuel II y su esposa, la princesa serbia Helena Dragases, fueron a Venecia, y luego a muchas capitales europeas, pidiendo apoyo contra los musulmanes. A diferencia de su padre, Manuel era digno e impresionante, y todos le dieron una cálida bienvenida. Sin embargo, no tuvo ningún efecto real. Los gobernantes occidentales estaban demasiado ocupados luchando sus propias batallas y nunca aparecieron en el este para brindar apoyo.

Una fuerza improbable salvó a Constantinopla. El señor de la guerra mongol, Timur el Cojo, también conocido como Tamerlán, vino de Uzbekistán con el objetivo de restaurar el imperio de su antiguo predecesor, Genghis Khan. Su imperio era enorme a principios del siglo XV, y ahora llegó a conquistar Asia Menor. Bayezid necesitaba defender su nuevo territorio, por lo que suspendió las acciones contra Constantinopla.

Las fuerzas otomanas sufrieron terribles pérdidas contra el ejército de Timur, y Bayezid terminó capturado y horriblemente humillado. Pero finalmente, los mongoles se dirigieron al Lejano Oriente, decididos a conquistar China, dejando atrás a los otomanos.

El nuevo sultán otomano, el hijo de Bayezid, Solimán, aceptó convertirse en el vasallo de Manuel, pero, al hacerlo, se permitió tiempo para consolidarse y atacar nuevamente. Manuel II regresó a Constantinopla como un salvador en 1403, pero el triunfo no duró mucho. El hermano de Solimán, Musa, derrocó al sultán y atacó a Constantinopla. Luego, Manuel II ayudó a su tercer hermano, Mehmed, a derrocar a Musa. El sultán más nuevo era un hombre educado y culto, y desde entonces fue leal a Manuel.

En 1422, después de la muerte de Mehmed, su hijo, Mustafa, sitió Constantinopla. Manuel aceptó el puesto de vasallo turco, pero logró evitar que los guerreros de Anatolia ingresaran a la ciudad. Constantinopla estuvo a salvo por un breve tiempo, pero permaneció rodeada de fuerzas turcas.

Durante el reinado del hijo de Manuel, Juan VIII, Murad II invadió la ciudad de Tesalónica y anunció que Constantinopla sería la siguiente. Al igual que muchos antes que él, Juan le pidió ayuda al Papa y le prometió que se sometería a la iglesia occidental. En 1443, el nuevo ejército de cruzados, esta vez liderado por el rey húngaro Ladislao y el general Juan Hunyadi, conquistó Bulgaria. Murad II ofreció una tregua de diez años, pero el ejército cruzado la había roto rápidamente. Fueron a la costa del Mar Negro, donde las fuerzas superiores otomanas los esperaron y devastaron, matando al rey Ladislao. Juan Hunyadi continuó resistiéndose durante un par de años, pero fue abrumado alrededor de 1448, cuando Juan VIII se vio obligado a felicitar a Murad II por el triunfo. Murió poco después de ese humillante día.

El último emperador de Constantinopla

El hijo más joven y capaz de Manuel II, Constantino XI Dragases, fue coronado en 1449. Durante la última Cruzada, logró retomar Atenas y las áreas circundantes. Pero ahora los otomanos reconsolidaron y reconquistaron Atenas, y se encontraron en las murallas de Constantinopla. Una nueva era había comenzado, y los conquistadores turcos trajeron varios cañones con ellos. Pasaron cinco días para que se rompieran las paredes. Después, los otomanos se dirigieron a los Balcanes, dejando atrás la capital bizantina.

Murad II pasó algún tiempo luchando contra Skanderg en Dalmacia, y luego murió. Su sucesor, Mehmed II, poeta y erudito, afirmó que estaba dedicado a la paz con Bizancio. Sin embargo, también era un gobernante cruel y mató a su hermano menor por si acaso.

En 1453, los hombres de Mehmed estaban armados con cañones superiores recién construidos. Cuando Constantino se negó a rendirse, abrieron fuego. Después de cuarenta y ocho días, el muro todavía estaba en su lugar. Entonces el sultán cambió el enfoque y entró en el puerto imperial con setenta barcos.

El ataque final tuvo lugar el 29 de mayo. Los ciudadanos restantes se reunieron en Santa Sofía, y el último emperador dio un discurso final, recordando a su pueblo que eran herederos de héroes antiguos. Durante esa noche, los turcos entraron en la ciudad. Los defensores lucharon hasta el final y lograron resistir hasta que llegaron los jenízaros, las tropas de élite hechas de los niños tomados de los cristianos, y los mercenarios genoveses, que ayudaron a Constantino hasta ese momento, comenzaron a retirarse. Constantino tuvo más de una oportunidad para escapar, pero se negó a dejar a su gente. Murió durante la terrible carnicería que hubo.

La gente de Constantinopla creía en una vieja leyenda de que un ángel protegería a Santa Sofía de los turcos, y muchos ciudadanos se reunieron allí. Pero no apareció ningún ángel, y todos fueron masacrados.

Santa Sofía se convirtió en una mezquita. Todos los hombres de noble nacimiento fueron asesinados, y los niños fueron vendidos como esclavos. Constantinopla se convirtió en la capital del Imperio otomano, y el sultán tomó el título de César. El que antaño fuera un gran imperio dejó de existir.

Conclusión

Después de los siglos de resistencia, el Imperio bizantino cayó en manos otomanas, pero al menos impidió que los musulmanes avanzaran hacia Europa durante la época de su agresiva expansión. Ahora que los turcos lograron conquistar la ciudad de Constantino, carecían del poder para proceder a la Europa occidental, ahora mucho más fuerte. Los otomanos no pudieron romper los muros de Viena, y comenzaron a retirarse poco después.

Numerosos refugiados de Bizancio llegaron a Europa occidental y enriquecieron el período del humanismo y el renacimiento al traer antiguos artefactos y manuscritos griegos y romanos, incluyendo la Ilíada de Platón y muchos otros. No todos los exiliados huyeron al oeste. Muchos fueron a Rusia, el último estado ortodoxo libre. Los pueblos y naciones que alguna vez pertenecieron a la órbita cultural bizantina todavía están conectados por la Iglesia ortodoxa. La inmensa herencia bizantina continuó viviendo en diversas formas por todo el mundo.

La línea de tiempo de los emperadores bizantinos

La lista de todos los emperadores y dinastías del Imperio bizantino, incluidos los menos significativos que no fueron mencionados en este libro.

DINASTÍA CONSTANTINA (324-363)

324—353 ...... Constantino el Grande

353—361 ...... Constancio .... Hijo de Constantino el Grande

361—363 ...... El Apóstata Juliano .... Primo de Constancio

NO DINÁSTICO

363—364 ...... Joviano .... Soldado, elegido en el campo de batalla

364—378 ...... Valente .... Hermano del Emperador Occidental Valentiniano

LA DINASTÍA TEODOSA (379-457)

379—395 ...... Teodosio I el Grande .... Soldado, elegido por el Emperador Occidental Graciano

395—408 ...... Arcadio .... Hijo de Teodosio

408—450 ...... *Teodosio II* .... *Hijo de Arcadio*

450—457 ...... *Marciano* .... *Se casó con la hermana de Teodosio*

DINASTÍA LEONIDA (457-518)

457—474 ...... *León I el tracio* .... *Soldado, elegido por el general oriental Aspar*

474 ...... *León II* .... *Nieto de León I*

474—475 ...... *Zenón* .... *Yerno de León I*

475—476 ...... *Basilico* .... *Usurpador, cuñado de León I*

476—491 ...... *Zenón (otra vez)*

491—518 ...... *Anastasio I* .... *Yerno de León I*

DINASTÍA JUSTINIANA (527-602)

518—527 ...... *Justino I* .... *Comandante de la Guardia del Palacio*

527—565 ...... *Justiniano I el Grande* .... *Sobrino de Justino I*

565—578 ...... *Justino II* .... *Sobrino de Justiniano*

578—582 ...... *Tiberio II* .... *Adoptado por Justino II*

582—602 ...... *Mauricio* .... *Yerno de Tiberio II*

NO DINÁSTICO

602—610 ...... *Focas* .... *Usurpador, Soldado de Mauricio*

DINASTÍA HERACLIO (610-711)

610—641 ...... *Heraclio* .... *Usurpador, general de Cartago*

641 ...... *Constantino III* .... *Hijo de Heraclio Hijo de Heraclio Hijo de Constantino III*

641 ...... *Heraclona* ....

641—668 ...... *Constante II el barbudo* ....

668—685 ...... *Constantino IV* .... *Hijo de Constante II*

685—695 ...... *Justiniano II la Nariz de Tajo* ... Hijo de Constantino IV

695—698 ...... *Leoncio* .... Usurpador, soldado de Justiniano II

698—705 .... *Tiberio III* ... Usurpador, oficial naval germano de Leoncio

705—711 ...... *Justiniano II (otra vez)*

NO DINÁSTICO

711—713 ...... *Filípico* .... Usurpador, soldado armenio de Justiniano II

713—715 ...... *Anastasio II* .... Usurpador, secretario imperial de Filípico

715—717 ...... *Teodosio III* .... Usurpador, recaudador de impuestos e hijo (?) de Tiberio III

DINASTÍA DE ISAURIA (717-802)

717—741 ...... *León III el Isaurio* .... Usurpador, diplomático sirio de Justiniano II

741—775 ...... *Constantino V el Coprónimo* .... Hijo de León III

775—780 ...... *León IV el Jazar* .... Yerno de León III

780—797 ...... *Constantino VI el Cegado* .... Hijo de León IV

797—802 ...... *Irene la ateniense* .... Esposa de León IV, madre de Constantino VI

DINASTÍA DE NICEFÓRO (802-813)

802-811 ...... *Nicéforo I* .... Usurpador, ministro de Finanzas de Irene

811 ......*Estauracio* .... Hijo de Nicéforo I

811—813 .... *Miguel I Rangabé* .... Yerno de Nicéforo I

NO DINÁSTICO

813—820 ...... León V el armenio .... Patricio y general de Miguel I

DINASTÍA AMORIANA (820-867)

820—829 ...... Miguel II el Tartamudo .... Yerno de Constantino VI

829—842 ...... Teófilo .... Hijo de Miguel II

842—855 ...... Teodora .... Esposa de Teófilo

DINASTÍA DE MACEDONIA (867-1056)

867—886 ...... Basilio I el Macedonio .... Campesino armenio, casado con la viuda de Miguel III

886—912 ...... León VI el Sabio .... Hijo de Basilio I o Miguel III

912—913 ...... Alejandro .... Hijo de Basilio I

913—959 ...... Constantino VII el Nacido de Púrpura .... Hijo de León VI

920—944 ...... Romano I Lecapano .... General, suegro de Constantino VII

959—963 ...... Romano II el Nacido en Purpura .... Hijo de Constantino VII

963—969 ...... Nicéforo II Focas .... General, se casó con la viuda de Romano II

969—976 ...... Juan I Tzimisces .... Usurpador, sobrino de Nicéforo II

976—1025 ...... Basilio II, el asesino búlgaro .... Hijo de Romano II

1025—1028 ...... Constantino VIII .... Hijo de Romano II

1028-1050 ...... Zoe .... Hija de Constantino VIII

1028-1034 ...... Romano III Argiro .... El primer marido de Zoe

1034—1041 ...... Miguel IV el Paflagonio .... El segundo marido de Zoe

1041—1042 ...... Miguel V el Calafate .... El hijo adoptado de Zoe

1042 ...... Zoe y Teodora .... Hijas de Constantino VIII

1042-1055 .... Constantino IX Monómaco .... El tercer marido de Zoe

1055—1056 .... Teodora (otra vez)

NO DINÁSTICO

1056—1057 .... Miguel VI el Viejo .... Elegido por Teodora

1057—1059 ...... Isaac I Comneno .... Usurpador, general de Miguel VI

DINASTÍA DE DUCAS (1059-1081)

1059—1067 ...... Constantino X .... Elegido por Isaac

1068—1071 ...... Romano IV Diógenes .... Viuda de Constantino X Casado

1071—1078 ...... Miguel VII Parapinaces .... Hijo de Constantino X

1078-1081 ...... Nicéforo III Botaniates .... Usurpador, general de Miguel VII

DINASTÍA COMNENIA (1081-1185)

1081—1118 ...... Alejo I .... Usurpador, sobrino de Isaac I

1118—1143 ...... Juan II el bello .... Hijo de Alejo I

1141—1180 ...... Manuel I el Grande .... Hijo de Juan II

1080—1183 .... Alejo II .... Hijo de Manuel I

1183—1185 ...... Andrónico el Terrible .... Usurpador, primo de Manuel I

DINASTÍA DE ÁNGELO (1185-1204)

1185 1195 ...... *Isaac II Ángelo* .... Bisnieto de Alejo I

1195—1203 .... *Alejo III Ángelo* .... Hermano de Isaac II

1203—1204 ...... *Isaac II (otra vez) y su hijo Alejo IV*

NO DINÁSTICO

1204 ...... *Alejo V Murzuflo* .... Usurpador, yerno de Alejo III

DINASTÍA PALEOLÓGICA (1259-1453)

1259-1282 .... *Miguel VIII* .... Bisnieto de Alejo III

1282—1328 ...... *Andrónico II* .... Hijo de Miguel VIII

1328—1341 .... *Andrónico III* .... Nieto de Andrónico II

1341—1391 .... *Juan V* .... Hijo de Andrónico III

1347—1354 .... *Juan VI* .... Suegro de Juan V

1376—1379 ...... *Andrónico IV* .... Hijo de Juan V

1390 ...... *Juan VII* .... Hijo de Andrónico IV

1391—1425 ...... *Manuel II* .... Hijo de Juan V

1425—1448 ...... *Juan VIII* .... Hijo de Manuel II

1448—1453 ...... *Constantino XI Dragases* .... Hijo de Manuel II

Referencias

[i] Lars Brownworth *Perdido al oeste: el imperio bizantino olvidado que rescató a la civilización occidental*, Crown Publishing, Nueva York, 2009.
[ii] Brownworth, como anteriormente; Edward Gibbon, *La historia de la decadencia y caída del imperio romano*, Vol. Cinco, Project Gutenberg edition: http://www.gutenberg.org/files/735/735-h/735-h.htm
[iii] Brownworth, como anteriormente
[iv] Obtenga más información sobre Augusto y el Principado en el Libro 2 de la Antigua Roma: "El Imperio Romano"
[v] Timothy E. Gregory, *una historia de Bizancio*. Malden, MA: Blackwell Publishing, 2005.
[vi] Imagen cortesia de Katie Chao/MOMA/Wikimedia Commons (CC)
[vii] Brownworth, como anteriormente
[viii] Imagen cortesía de Jorge Láscar/Flickr (CC) https://www.flickr.com/photos/8721758@N06/10350972756
[ix] Brownworth, como anteriormente
[x] Gregory, como anteriormente
[xi] Juliano, como lo cita Brownworth (ver arriba)

[xii] Imagen cortesía de Classical Numismatic Group / Wikipedia Commons.
[xiii] Como se cita en https://en.wikipedia.org/wiki/List_of_oracular_statements_from_Delphi; Cinco traducciones diferentes disponibles aquí: http://laudatortemporisacti.blogspot.com/2012/12/the-last-oracle.html
[xiv] Gibbon, como anteriormente
[xv] Imagen cortesía de Petar Milosevic / Wikipedia Commons.
[xvi] Gregory, como anteriormente
[xvii] "No me importa si es apropiado o no que una mujer dé consejos valientes a hombres asustados; pero en momentos de extremo peligro, la conciencia es la única guía. Todo hombre que nace en la luz del día debe morir tarde o temprano; ¿Y cómo puede un Emperador llegar a ser un fugitivo? Si usted, mi Señor, desea salvarse a sí mismo, no tendrá ninguna dificultad en hacerlo. Somos ricos, ahí está el mar, también están nuestros barcos. Pero considere primero sí, cuando se encuentre seguro, no se arrepentirá de no haber elegido la muerte con preferencia. En lo que a mí respecta, sostengo el antiguo dicho: la realeza es el mejor sudario". - Emperatriz Teodora (registrada por Procopio, como se cita en Brownsworth)
[xviii] Imagen cortesía de Arild Vågen (Wikipedia Commons)
[xix] Brownworth, como anteriormente
[xx] Los cinco grandes mares cristianos o los cinco patriarcados fueron Roma, Constantinopla, Jerusalén, Antioquía y Jerusalén, lo que hizo la presencia del cristianismo.
[xxi] Brownworth, como anteriormente
[xxii] Gregory, como anteriormente
[xxiii] Autor desconocido / dominio público
[xxiv] Brownworth, como anteriormente
[xxv] Según lo citado por Brownworth
[xxvi] Gibbon, como anteriormente
[xxvii] Norwich, John Julius. Bizancio: La decadencia y la caída. Nueva York: Alfred A. Knopf, 2003.
[xxviii] Norwich, como anteriormente